Subskribenten auf sämtliche Beiträge erhalten das Gesamtwerk in der Reihenfolge des Erscheinens der einzelnen Lieferungen zu einem gegenüber dem Ladenpreis um 10% ermäßigten Preise.

(Siehe beiliegende Bestellkarte.)

Von dem Gesamtwerk ist bereits erschienen:

1.	Rechtsphilosophie 2. Aufl.	Prof. Dr. Max Ernst Mayer†, Frankfurt a. M.
2.	Römische Rechtsgeschichte und System des Römischen Privatrechts	Prof. Dr. Paul Jörs†, Wien
3.	Römischer Zivilprozeß	Prof. Dr. Leopold Wenger, München
5.	Grundzüge des deutschen Privatrechts 2. Aufl.	Prof. Dr. Hans Planitz, Köln a. Rh.
6.	Rechtsentwicklung in Preußen 2. Aufl.	Prof. Dr. Eberhard Schmidt, Hamburg
7.	Bürgerliches Recht: Allgemeiner Teil 3. Aufl.	Geh. Justizrat Prof. Dr. Andreas v. Tuhr†, Zürich
8.	Recht der Schuldverhältnisse 3. Aufl.	Prof. Dr. Heinrich Titze, Berlin
9.	Sachenrecht 2. Aufl.	Prof. Dr. Julius v. Gierke, Göttingen
10.	Familienrecht 2. Aufl.	Prof. Dr. Heinrich Mitteis, Heidelberg
11.	Erbrecht 2. Aufl.	Prof. Dr. Julius Binder, Göttingen
12.	Handelsrecht mit Wechsel- und Scheckrecht 3. Auflage	Geh. Hofrat Prof. Dr. Karl Heinsheimer†, Heidelberg. Herausgegeben von Prof. Dr. Karl Geiler, Rechtsanwalt, Heidelberg
13.	Privatversicherungsrecht	Geh. Hofrat und Geh. Justizrat Prof. Dr. Victor Ehrenberg†, Göttingen
14.	Urheber- und Erfinderrecht 2. Aufl.	Geh. Rat Prof. Dr. Philipp Allfeld, Erlangen
17.	Zivilprozeßrecht	Prof. Dr. James Goldschmidt, Berlin
19.	Freiwillige Gerichtsbarkeit 2. Aufl.	Prof. Dr. Friedrich Lent, Erlangen
22a.	Preßrecht	Prof. Dr. H. Mannheim, Berlin
23.	Allgemeine Staatslehre	Prof. Dr. Hans Kelsen, Köln a. Rh.
26.	Österreichisches Verfassungsrecht	Ministerialrat Prof. Dr. Leo Wittmayer, Wien
27.	Ausländisches Staatsrecht	Prof. Dr. Hans Gmelin, Gießen, und Prof. Dr. Otto Koellreutter, Jena
28.	Steuerrecht 2. Aufl.	Prof. Dr. Albert Hensel, Königsberg
29.	Kirchenrecht 2. Aufl.	Geh. Justizrat Prof. Dr. Erwin Ruck, Basel
31b.	Fürsorgerecht	Stadtrat Dr. H. Muthesius, Berlin
34.	Geschichte der Volkswirtschaftslehre 2. Aufl.	Professor Dr. Edgar Salin, Basel
35.	Ordnung des Wirtschaftslebens 2. Aufl.	Geh. Reg.-Rat Prof. Dr. Werner Sombart, Berlin
39.	Gewerbepolitik	Geh. Legationsrat Prof. Dr. Kurt Wiedenfeld, Leipzig
43.	Versicherungswesen	Regierungsrat a. D. Dr. Fritz Herrmannsdorfer, Berlin
48.	Gesellschaftslehre	Prof. Dr. Carl Brinkmann, Heidelberg
51.	Chemische Technologie	Prof. Dr. Arthur Binz, Berlin

Unter der Presse befindet sich:

25.	Verwaltungsrecht 3. Aufl.	Prof. Dr. Walter Jellinek, Heidelberg
31.	Arbeitsrecht von Prof. Dr. Walter Kaskel† 4. Aufl.	Prof. Dr. H. Dersch, Berlin

Eine Übersicht sämtlicher Bände siehe 3. und 4. Umschlagseite

ENZYKLOPÄDIE DER RECHTS- UND STAATSWISSENSCHAFT

BEGRÜNDET VON

F. VON LISZT UND W. KASKEL

HERAUSGEGEBEN VON

E. KOHLRAUSCH · H. PETERS · A. SPIETHOFF

ABTEILUNG RECHTSWISSENSCHAFT

HERAUSGEGEBEN VON

DR. EDUARD KOHLRAUSCH
PROFESSOR AN DER UNIVERSITÄT
BERLIN

DR. HANS PETERS
PROFESSOR AN DER UNIVERSITÄT
BERLIN

XXIX

KIRCHENRECHT

VON

ERWIN RUCK

ZWEITE AUFLAGE

SPRINGER-VERLAG BERLIN HEIDELBERG GMBH

KIRCHENRECHT

VON

ERWIN RUCK

ZWEITE AUFLAGE

SPRINGER-VERLAG BERLIN HEIDELBERG GMBH

ISBN 978-3-540-01135-4 ISBN 978-3-642-87166-5 (eBook)
DOI 10.1007/978-3-642-87166-5

Inhaltsverzeichnis.

Erster Teil.

Grundlagen.

Zweiter Teil.

Die katholische Kirche.

Erster Abschnitt.

Die Verfassung der Kirche.

Zweiter Abschnitt.

Die Tätigkeit der Kirche.

Dritter Teil.

Die evangelische Kirche.

Erster Abschnitt.

Die Verfassung der Kirche.

Zweiter Abschnitt.

Die Tätigkeit der Kirche.

Abkürzungen.

can. = canones des Codex iuris canonici vom 27. Mai 1917.
Art. = Artikel der Verfassungsurkunde für die Evangelische Kirche der altpreußischen Union vom 29. September 1922. Die Verfassungsartikel dieser größten evangelischen Kirche Deutschlands sind bei der Darstellung des evangelischen Kirchenrechts hauptsächlich als Belegstellen verwertet.

Erster Teil.

Grundlagen.

§ 1. Kirche. Kirchenrecht. Kirchengewalt.

I. Der Begriff „Kirche" ist mehrdeutig und umstritten. Das Wort als solches bezeichnet — in Ableitung aus dem griechischen κυριακόν — das gottesdienstliche Gebäude, das „Haus Gottes". Schon früh greift es aber von der Sache auf die Sachbenutzer über und wird auch der Name der Kirchengemeinde, des „Volkes Gottes". Dabei ist gemeint der Gott der Christen; nichtchristlichen Religionsgebäuden und -verbänden bleibt der Titel Kirche grundsätzlich versagt[1]. Aber wie nicht jedes christliche Gotteshaus den Namen Kirche trägt (Münster, Dom, Kapelle), so auch nicht jede christliche Religionsgemeinschaft. Ursprünglich und bis ins Mittelalter hinein war die Christenheit religiös geschlossen, und dieser Religionseinheit entsprach die eine Kirche. Aber schon im Mittelalter erfolgte die erste große Glaubens- und Kirchenspaltung durch die Abtrennung und eigene Kirchenbildung der morgenländischen Christenheit (1054)[2]. Das Abendland konnte noch fast ein halbes Jahrhundert seine kirchliche Einheit wahren, bis die Reformation das Kirchenvolk teilte und den Katholiken die Lutheraner und Reformierten, der römisch-katholischen Kirche die evangelischen Kirchen gegenüberstellte. Schließlich schieden noch im Kampf gegen die vom Vatikanischen Konzil (1869—70) beschlossenen

[1] Ausnahmen wie Jüdische Kirche finden sich vereinzelt, so z. B. im württembergischen Gesetz über die Kirchen vom 3. März 1924, § 1: „Kirchen im Sinn dieses Gesetzes sind die evangelische Kirche, die katholische Kirche und die israelitische Religionsgemeinschaft."

[2] Über sie und die orientalischen Kirchen, die im folgenden nicht berücksichtigt werden können, vgl. SCHWARZLOSE, S. 257ff., SEHLING I, S. 107ff. — Von Rom aus gesehen, gliedert sich das morgenländische Kirchenwesen in zwei Gruppen: in die schismatischen (insbesondere die eine Reihe „autokephaler" Sonderkirchen umfassende sog. griechisch-orthodoxe Kirche, die abessinische, armenische, koptische Kirche u. a.) und die unierten (so die abessinisch-katholische, armenisch-katholische, bulgarisch-katholische, griechisch-unierte, koptisch-katholische, syrisch-katholische Kirche u. a.) Kirchen. Jene lehnen die Gemeinschaft mit der römisch-katholischen Kirche ab, diese sind mit ihr verbunden, indem sie trotz mancher Eigenart in Verfassung und Ritus die dogmatischen und rechtlichen Grundlagen, besonders den Primat des Papstes, gleichmäßig zur Anerkennung bringen. Von diesen unierten Kirchen spricht der Codex wiederholt unter dem Namen Orientalische Kirche (Orientalis Ecclesia), er legt sich aber ihr gegenüber nur insofern Rechtskraft bei, als das aus der Natur der Sache folge (can. 1). Damit ist auf eine feste Abgrenzung verzichtet. Immerhin läßt sich im allgemeinen die Anwendbarkeit des Codex auf die unierten Kirchen dahin bestimmen, daß sein Gültigkeitsbereich zusammenfällt mit dem Bereich der Union. Das auf Grund der Union zwischen römisch-katholischer (lateinischer) und orientalischer Kirche als gemeinsam anerkannte Recht (uniertes Recht) hat somit nunmehr den Codex als Quelle (unten S. 10).

Das besonders in der neuesten Zeit stark betonte Interesse der katholischen Kirche an der Wiedergewinnung der orientalischen Christenheit zeigt sich u. a. in der Schaffung der Congregatio pro Ecclesia Orientali (unten S. 33), in der Einrichtung des päpstlichen Instituts für die orientalische Kirche (Institutum Orientale), in der Enzyklika „Rerum Orientalium" vom 8. Sept. 1928 (Acta Ap. Sedis 20 (1928) S. 277ff.) und in der Einsetzung einer Kardinalskommission zur Vorbereitung der Kodifikation des orientalischen Kirchenrechts (Commissio Cardinalitia pro studiis praeparatoriis Codificationis Orientalis, Acta Ap. Sedis 21 (1929) S. 669).

Dogmen des Universalepiskopates und der Unfehlbarkeit des Papstes die Altkatholinke aus der römisch-katholischen Kirche aus und schufen die altkatholische Kirche.

Neben diesen „Kirchen“ und von ihnen mehr oder weniger geschieden stehen noch zahlreiche religiöse Gemeinschaften („Sekten“), die bestimmte Glaubenssätze scharf in den Vordergrund stellen und als ihre besondere Lebensgrundlage betrachten. Sie kommen als Gegenstand des Kirchenrechts nur insofern in Betracht, als sie etwa zusammen mit den Kirchen unter den weiteren Begriff der „Religionsgesellschaften“ fallen und damit z. T. unter das „Staatskirchenrecht“, in dem der Staat die Rechtsstellung dieser Gesellschaften und sein Verhältnis zu ihnen regelt[1].

So bleiben als Erkenntnisgrundlage für den Kirchenbegriff die großen Bekennerschaften der römisch-katholischen Kirche und der evangelischen Kirchen. Ihre Betrachtung ergibt eine grundsätzliche Verschiedenheit der theologischen und rechtlichen Einstellung dieser Kirchen zum Kirchenbegriff und daneben die selbständige Prägung eines Kirchenbegriffs durch den Staat. Es ist somit zu unterscheiden der Begriff der Kirche im theologischen, kirchenrechtlichen und staatsrechtlichen Sinne.

Einen großartigen Kirchenbegriff vertritt die katholische Kirche. Sie gewinnt ihn aus dem Neuen Testament und verschmilzt auf dieser Grundlage die theologische und juristische Begriffsbildung vermöge der Ausstattung ihrer Dogmen mit dem Charakter von Kirchengesetzen. Dieser einheitliche theologisch-kirchenrechtliche Begriff der katholischen Kirche hat folgenden Inhalt: Christus hat eine einzige Kirche gestiftet und hat sie in der äußerlich sichtbaren Gestalt der Papst- und Bischofsverfassung als eine monarchisch-absolutistische Anstalt rechtlich organisiert. Als einzige „wahre“ Kirche ist sie weltumspannend (*καθ' ὅλον*) und heißt daher „katholisch“, als Trägerin der durch Päpste und Bischöfe vermittelten Vollmacht und Einsicht der Apostel ist sie „apostolisch“, sie nennt sich auch unfehlbar und heilig auf Grund der Heiligkeit ihrer Stiftung, ihrer Lehre und Ordnung, ihrer Aufgaben und ihres Zieles. Wir sehen vor uns die Ecclesia romana, una, visibilis, infallibilis, sancta, apostolica, catholica. Dieser „alleinseligmachenden“ Kirche („extra ecclesiam nulla salus“) hat Christus den weltumfassenden Auftrag gegeben, alle Völker in sich zu sammeln, und er hat ihr als notwendiger Heilsanstalt für die Menschen die Schlüssel des Himmelreiches anvertraut, die vom herrschenden Klerikerstand betätigte Binde- und Lösegewalt mit Rechtskraft für die Ewigkeit[2]. Daher kann die katholische Kirche nicht eine andere Kirche als auch berechtigt anerkennen, und daher muß sie an jeden Menschen, der seines Seelenheils gewiß sein will, die Forderung stellen, daß er ihr angehöre[3]. Die Härte dieser Lehre gegenüber den nichtkatholischen Christen wird dadurch gemildert, daß diese Häretiker trotz ihres Abfalls als Angehörige der katholischen Kirche gelten, wenn sie nach den Regeln

---

[1] Unten § 4.

[2] Ev. Matth. XXVIII, 19; XVI, 19; XVIII, 18; Ev. Mark. XVI, 15. — Can. 1322: „Christus Dominus fidei depositum Ecclesiae concredidit, ut ipsa, Spiritu Sancto iugiter assistente, doctrinam revelatam sancte custodiret et fideliter exponeret.“ Die Professio Catholicae Fidei sagt dazu: „Credo ... Unam Sanctam, Catholicam et Apostolicam Ecclesiam. — Sanctam Catholicam et Apostolicam Romanam Ecclesiam, omnium Ecclesiarum matrem et magistram agnosco, Romanoque Pontifici beati Petri Apostolorum Principis successori ac Jesu Christi Vicario veram obedientiam spondeo ac iuro.“

[3] So steht für die katholische Kirche in dauernder Geltung der klassische Satz der Bulle „Unam sanctam“ (1302) des Papstes Bonifatius VIII: „Porro subesse Romano pontifici omni humanae creaturae declaramus, dicimus, et definimus, omnino esse de necessitate salutis.“ — Dem entspricht die Professio Catholicae Fidei mit den Bestimmungen: „Profiteor quoque septem esse vere et proprie Sacramenta ... ad salutem humani generis ... necessaria.“ — „Indulgentiarum etiam potestatem a Christo in Ecclesia relictam fuisse, illarumque usum Christiano populo maxime salutarem esse affirmo.“ — „Hanc veram Catholicam Fidem, extra quam nemo salvus esse potest, ... spondeo, voveo ac iuro.“ — Als besonders klar sei noch erwähnt die Feststellung, Pius IX. in einer Allokution vom 9. Dezember 1854: „Tenendum quippe ex fide est, extra apostolicam Romanam ecclesiam salvum fieri neminem posse.“

irgendeiner christlichen Bekennerschaft gültig getauft sind[1]. Jede rechtsgültige christliche Taufe macht den Täufling rechtlich und endgültig zum Katholiken und eröffnet ihm damit den Weg zur ewigen Seligkeit.

Ganz anders der evangelische Kirchenbegriff. Er ist ein Doppelbegriff und bietet ein völlig verschiedenes Bild, je nachdem er theologisch oder kirchenrechtlich gefaßt wird. Übereinstimmend und grundlegend ist immerhin die evangelische Auffassung, gemäß der Christus keine sichtbare, äußerlich organisierte Kirche gestiftet hat. Die „Kirche“ ist vielmehr — evangelisch-theologisch betrachtet — ihrem Wesen nach eine unsichtbare Glaubens- und Herzensgemeinschaft aller Anhänger des christlichen Glaubens, sie ist die von Nation und Bekenntnis unabhängige, auf die Gemeinsamkeit religiösen Innenlebens gegründete „Gemeinschaft der Gläubigen“[2]. Dieser Geistesverband ist rechtlich nicht faßbar. Dagegen sind größere und kleinere Gruppen evangelischer Christen äußerlich sichtbar organisiert, weil bei der menschlichen Unvollkommenheit nur durch rechtliche Organisation die Ordnung, Erhaltung und Tätigkeit der Gemeinschaft und die Erreichung dauernder Gemeinschaftszwecke gesichert ist[3]. Aber diese Organisation von Kirchen im kirchenrechtlichen Sinne ist nach evangelischer Ansicht menschliches Neben- und Außenwerk; es muß der Pflege „der wahren Wort- und Sakramentsverwaltung“ dienen, aber im Rahmen dieses Zweckes kann es verschiedenartig gestaltet werden. Deshalb darf nicht der einen oder anderen Gestaltung ein innerer Vorrang oder gar ein geistliches Alleinrecht nach Art der katholischen Kirche zugesprochen werden. — So ist auch die evangelische Christenheit in äußerlich sichtbarer, rechtsförmiger Weise organisiert, freilich nicht als internationale Weltkirche, sondern als eine Reihe selbständiger, national und staatlich gegliederter Kirchengebilde, und diese sind keine Anstalten sondern genossenschaftlich, aufgebaute Körperschaften.

Damit nähern wir uns dem staatsrechtlichen Kirchenbegriff. Für ihn kommen nur nationalkirchliche Gebilde in Betracht, die im Staate ihren Sitz haben. Aus internationalen Bekennerschaften, wie der katholischen Kirche, steht somit nur der im einzelnen Staat organisierte Teil ihrer Angehörigen in Frage. Die rechtliche Stellung und damit der Rechtsbegriff dieser Religionsgesellschaften wird durch das staatliche Recht bestimmt. Dieses ist in den verschiedenen Staaten verschieden. Aber die Verschiedenheit bewegt sich — von Ausnahmezuständen abgesehen — in drei Rechtsformen: Eine Religionsgesellschaft ist entweder eine privatrechtliche Gesellschaft ohne Rechtsfähigkeit oder ein rechtsfähiger Privatverein oder eine öffentlich-rechtliche Körperschaft. Die nach herrschendem Sprachgebrauch als „Kirchen“ bezeichneten Religionsgesellschaften sind privatrechtliche Vereine oder öffentlich-rechtliche Körperschaften. Ob der Staat die eine oder andere Rechtsstellung einräumt, bestimmt sich nach seinem kirchenpolitischen System: Bei Trennung von Staat und Kirche sind die Kirchen privatrechtliche Vereine, bei den anderen Systemen sind sie öffentlich-rechtliche Körperschaften. Und da in Deutschland die Trennung von Staat und Kirche nicht besteht, sind hier die Kirchen vom Staat als Körperschaften des öffentlichen Rechts anerkannt[4].

II. Schon bei der Klarstellung des katholischen und evangelischen Kirchenbegriffs ergab sich als grundlegende Unterscheidung die verschiedene Einstellung zum Recht. Die katholische Kirche ist Rechtskirche und betrachtet ihre Rechtsgrundlagen als von Gott gelegt. Das Recht ist ihr wesentlich für das innere geist-

---

[1] Can. 87: „Baptismate homo constituitur in Ecclesia Christi persona cum omnibus christianorum iuribus et officiis“; can 12, 732.

[2] Die „eine heilige christliche Kirche“ der Augsburgischen Konfession, die „societas fidei et Spiritus sancti“ der Apologie.

[3] Dazu leitet schon über die Confessio Augustana (1530), die in Art. V die Kirche bezeichnet als „congregatio sanctorum, in qua evangelium recte docetur et recte administrantur sacramenta“.

[4] Unten § 4.

liche Leben wie für den äußeren Bestand, es durchdringt und belebt sie wie das Blut den Körper des Menschen. Dabei sind Glauben und Recht unlöslich miteinander verbunden, sie stützen sich gegenseitig, gehen durch Dogmatisierung der Rechtsgrundlagen und Verrechtung der Glaubenslehren ineinander auf und treten an die Gläubigen Hand in Hand heran mit den Forderungen des Glaubens- und Rechtsgehorsams. So sind die überirdischen Fähigkeiten des Priesters, die Eigenschaften der Bischöfe als Nachfolger der Apostel, die Unfehlbarkeit des Papstes und seine Stellung als Vertreter Christi, die hierarchische Gliederung der Kirche und eine Reihe anderer Vorschriften nicht nur verpflichtende Dogmen, sondern zugleich zwingendes Recht. Diese Verkettung von Glauben und Recht in der katholischen Kirche ist religiös und politisch bedingt, letzten Endes geht sie darauf zurück, daß die katholische Kirche das Neue Testament nicht bloß als Glaubens-, sondern auch als Rechtsquelle betrachtet und so einen grundlegenden Rechtsbestand als unabänderliches göttliches Recht verkündet[1].

Ganz anders die Stellung der evangelischen Kirche zum Recht. Die evangelische Lehre geht unter Ablehnung göttlichen Rechtes von der menschlichen Natur alles Rechtes aus und verwirft dessen Übertragung auf ihr geistiges Leben und damit auf ihr eigentliches Wesen als Widerspruch in sich. Das Verhältnis zu Gott ist nach evangelischer Auffassung aller rechtlichen Regelung entrückt, es ist der Bereich des persönlichen Glaubens und Gewissens; und die unsichtbare Glaubensgemeinde, die Kirche im theologischen Sinne, widerstrebt jeder Rechtsordnung. In diesem Sinne, und nur in diesem, besteht zu Recht die vielerörterte und meist mißverstandene These: „Das Kirchenrecht steht mit dem Wesen der Kirche im Widerspruch“[2]. Dagegen bedarf auch die evangelische Kirche wie jede auf Dauer berechnete Zweckgemeinschaft der rechtlichen Ordnung, und diese auf die Regelung der äußeren Verhältnisse der Kirche und der Kirchengenossen als solcher gerichtete Gemeinschaftsordnung tritt uns als rein menschliches, wandelbares evangelisches Kirchenrecht in den sichtbaren evangelischen Kirchen entgegen.

Diese Verschiedenheit der Grundlagen des evangelischen und katholischen Kirchenrechts setzt sich fort in der Erscheinung, daß das katholische Kirchenrecht im wesentlichen „gemeines“ Recht ist, will sagen einheitliches, aus einer Rechtsquelle fließendes, die ganze katholische Christenheit beherrschendes Recht[3]. Dagegen stellt sich das evangelische Kirchenrecht entsprechend der Vielheit selbständiger evangelischer Kirchen als „partikulares“ Recht dar. Aus ihm läßt sich zwar wissenschaftlich durch Rechtsvergleichung der einzelnen Kirchen ein erheblicher Bestand übereinstimmender Vorschriften und Einrichtungen herausstellen („allgemeines“ Recht), aber „gemeines“ evangelisches Kirchenrecht gibt es weder für die ganze evangelische Christenheit, noch auch nur etwa für Deutschland, ausgenommen das wenige, vom Deutschen Evangelischen Kirchenbund geschaffene Bundesrecht. — Eine entsprechende Zersplitterung sehen wir in dem von den Staaten für ihre Rechtsbeziehungen zu den Kirchen erlassenen Staatskirchenrecht. Jeder Staat schafft sich selbständig sein eigenes Staatskirchenrecht; nur in Bundes-

---

[1] Unten § 2. — Diese Verbindung zeigt sich auch in der Professio Catholicae Fidei, in der es heißt: „Cetera item omnia a sacris Canonibus et Oecumenicis Conciliis, ac praecipue a sacrosancta Tridentina Synodo et ab Oecumenico Concilio Vaticano tradita, definita ac declarata, praesertim de Romani Pontificis primatu et infallibili magisterio, indubitanter recipio adque profiteor simulque contraria omnia . . . damno, reiicio et anathematizo.“

[2] So die Grundthese SOHMS in seinem Kirchenrecht und in seiner Schrift „Weltliches und geistliches Recht“, 1914. Anderseits vgl. zu dem Problem insbesondere KAHL: Lehrsystem, S. 70ff.; NIEDNER: Recht und Kirche, 1914; STAMMLER: Recht und Kirche, 1919; TROELTSCH: Die Soziallehren der christlichen Kirchen und Gruppen, 1912 (seine Meinung, es bleibe „ein ius divinum auch im Protestantismus“, ist verfehlt); G. HOLSTEIN, Die Grundlagen des evangelischen Kirchenrechts, 1928, S. 219ff.

[3] Vorbehalten die Sonderstellung der orientalischen Kirchen, oben S. 1 Anm. 2.

staaten, insbesondere im deutschen Reich, treffen wir staatskirchenrechtliche Vorschriften, die als gemeines Recht für alle Gliedstaaten verbindlich sind[1].

Dieses ganze Kirchenrecht ist schließlich seiner Eigenart entsprechend zu scheiden von allem sonstigen Rechte. Wenn es auch bei einer Gruppierung des Rechts in öffentliches und privates Recht dem öffentlichen Rechte näher steht und — abgesehen von den Staaten mit Trennung von Staat und Kirche — tatsächlich teilweise als öffentliches Recht erscheint, so wäre doch seine Eingliederung in dieses weder sachlich noch methodisch einwandfrei. Daher bietet die alte Zweiteilung in kirchliches und weltliches Recht (ius utrumque) die beste Lösung. Ihr entspricht auch der Titel des von unseren Universitäten verliehenen Doctor iuris utriusque[2].

III. Wie andere Verbände für ihr Bestehen und Wirken einer Verbandsgewalt bedürfen, so haben auch die Kirchen für ihre Ordnung und Leitung und für die Erreichung des Kirchenzweckes ihre Kirchengewalt.

Diese Gewalt ist in der katholischen Kirche als „potestas ecclesiastica“ scharf ausgeprägt und wird von ihr als ursprüngliche, der Kirche von Christus verliehene Herrschaft im Sinne eigenherrlicher Befehls- und Zwangsgewalt in Anspruch genommen. Sie zerfällt in die Weihegewalt (potestas ordinis) und in die Regierungsgewalt (potestas iurisdictionis)[3]. Vermöge jener sollen die Menschen in die ewige Wahrheit geführt und durch die der Kirche von Gott anvertrauten Gnadenmittel (Sakramente und Sakramentalien) geheiligt werden, vermöge der Regierungsgewalt dagegen vollzieht sich die Leitung und das übrige Wirken der Kirche in Gesetzgebung, Rechtsprechung und Verwaltung. Diese potestas iurisdictionis (can. 196ff.) bezieht sich entweder auf äußere Angelegenheiten (potestas iurisdictionis in foro externo) oder — entsprechend der von der Kirche beanspruchten Leitung und Beurteilung des Innenlebens — auf innerliche Dinge (potestas iurisdictionis in foro interno, in foro conscientiae). — Weiter wird unterschieden die iurisdictio ordinaria und delegata, je nachdem ihr Inhaber kraft seines Amtes oder kraft besonderer Übertragung sie besitzt[4]. — Die Inhaber der potestas iurisdictionis heißen „Ordinarii“. Als solche kommen hauptsächlich in Betracht[5] der Papst und die Residentialbischöfe, außerdem Äbte und praelati nullius und deren Generalvikare, die apostolischen Administratoren, Vikare und Präfekten und ihre Stellvertreter bei Amtserledigung, und die höheren Oberen exemter geistlicher Genossenschaften.

Entsprechend der göttlichen Übertragung der Kirchengewalt an die Apostel und ihre Nachfolger und entsprechend dem Aufbau der katholischen Kirchenverfassung ist diese Gewalt dem Klerikerstande vorbehalten[6]. Die „Laien“ sind Gegenstand ihrer Betätigung, sie können auch nicht mehr wie früher Träger von Regierungsgewalt sein, sondern notwendige Voraussetzung für deren Besitz ist die Eigenschaft als Kleriker (ordo). Die Kleriker selbst sind für die Betätigung der Kirchengewalt hierarchisch von oben nach unten gegliedert, so daß entsprechend den beiden Ge-

---

[1] Unten § 4.

[2] Dagegen ist die Zweiteilung des Kirchenrechts in „äußeres Kirchenrecht“ als Verfassungs- und Verwaltungsrecht und in „inneres Kirchenrecht“ als Recht für die Beziehungen der Kirchenangehörigen zur Kirche nicht bloß wertlos, sondern auch irreführend, da diese Beziehungen auch Gegenstand von Verfassungs- und Verwaltungsrecht sind.

[3] Ev. Matth. XVI, 18; XXVIII, 18—20; Ev. Joh. XXI, 15ff. — Can. 196: „Potestas iurisdictionis seu regiminis quae ex divina institutione est in ecclesia, alia est fori externi, alia fori interni, seu conscientiae, sive sacramentalis sive extra-sacramentalis“; can. 948: „Ordo ex Christi institutione clericos a laicis in Ecclesia distinguit ad fidelium regimen et cultus divini ministerium.“ — In der Regierungsgewalt ist enthalten die gelegentlich besonders aufgeführte Lehrgewalt (potestas magisterii), can. 1332ff.; unten § 15, II.

[4] Die iurisdictio ordinaria ist weiterhin „propria“ oder „vicaria“, je nachdem sie im eigenen Namen oder im Namen eines Vertretenen betätigt wird. — Die „iurisdictio delegata“ kann u. U. weiter delegiert werden und heißt dann „iurisdictio subdelegata“.

[5] Unten § 7ff.

[6] Can. 118: „Soli clerici possunt potestatem sive ordinis sive iurisdictionis ecclesiasticae et beneficia ac pensiones ecclesiasticas obtinere.“

walten eine Weihe- und Regierungshierarchie besteht (hierarchia ordinis, hierarchia iurisdictionis)[1]. Die Weihegewalt wird kraft göttlichen Rechts betätigt von den Bischöfen, Priestern und Diakonen und kraft menschlich-kirchlichen Rechtes von den unter diesen stehenden Klerikern; die Regierungshierarchie dagegen besteht kraft göttlichen Rechtes nur aus dem Papst und den Bischöfen, während alle übrigen an der Regierungsgewalt beteiligten Kirchenorgane sich nur auf menschlich-kirchliches Recht berufen können.

Ihrem Verbandscharakter entsprechend hat auch die evangelische Kirche ihre Kirchengewalt[2], und auch bei ihr lassen sich zwei Seiten unterscheiden: die Schlüsselgewalt und das Kirchenregiment. Jene sehen wir in der Predigt, Lehr- und Sakramentsverwaltung und in der Zuchtgewalt gegen die Kirchengenossen, diese entspricht der Art nach der katholischen Regierungsgewalt. Dabei zeigen sich aber zwei grundlegende Unterschiede. Die evangelische Kirchengewalt stützt sich nicht auf göttliches Recht, sondern erscheint als eine auf menschlich-kirchliches Recht gegründete Einrichtung im Sinne einer vom Staate zugelassenen Selbstverwaltung. Und die Betätigung dieser Kirchengewalt ist entsprechend dem „allgemeinen Priestertum" kein ausschließliches Vorrecht der Geistlichen, vielmehr können auch Nichtgeistliche kirchenregimentliche Befugnisse ausüben, und auch die Handhabung der Schlüsselgewalt ist nicht aus dem Wesen der Sache heraus bei den Geistlichen. Vielmehr können Nichtgeistliche in der Handhabung der Kirchenzucht tätig sein, und für die Lehr- und Sakramentsverwaltung ist nur aus Gründen der Zweckmäßigkeit, der Ordnung und Zuverlässigkeit ein berufsmäßiges Predigtamt eingesetzt; hier erscheint somit zwar die Betätigung Nichtgeistlicher als Ausnahme, aber es ist doch kein besonderer geistlicher „Stand" mit besonderen geistlichen Fähigkeiten anerkannt. Dem entspricht, daß die hierarchische Gliederung bei der Betätigung der Schlüsselgewalt völlig fehlt, indem nur das eine geistliche Amt besteht[3], — und daß auch die Verwaltung des Kirchenregiments einer verhältnismäßig kleinen Zahl von Behörden anvertraut ist, die zur Sicherung zweck- und rechtmäßiger Geschäftsführung einander über- und untergeordnet sind.

§ 2. Die Quellen des Kirchenrechtes.

Das Kirchenrecht enthält eine Menge von Rechtssätzen, und diese Rechtssätze bilden die verbindliche Ordnung der kirchlichen Verhältnisse; sie sind Willenserklärungen darüber, wie das Sein und Wirken der Kirche und der Kirchengenossen als solcher sich gestalten soll. Daher bedarf jeder Rechtssatz materiell eines Willens, der ihn trägt, und formell einer Erklärung, die ihn erkennbar macht. Dementsprechend ist zu unterscheiden zwischen Rechtsquellen im materiellen und im formellen Sinne.

1. Die Rechtsquellen im materiellen Sinne.

Rechtsquelle im materiellen Sinne ist der Wille, aus dem das Recht fließt.

Für die katholische Kirche kommen dreierlei Willen als Rechtsquellen in Betracht: Gott, die Kirche und der Staat[4]. Damit ist innerhalb des katholischen

---

[1] Can. 108 § 2, 3: „Non sunt omnes (sc. clerici) in eodem gradu, sed inter eos sacra hierarchia est in qua alii aliis subordinantur. — Ex divina institutione sacra hierarchia ratione ordinis constat Episcopis, presbyteris et ministris; ratione iurisdictionis, pontificatu supremo et episcopatu subordinato; ex Ecclesiae autem institutione alii quoque gradus accessere."

[2] Vgl. Art. 1: „Die Kirchengewalt steht ausschließlich der Kirche zu. Die Kirche ordnet und verwaltet ihre Angelegenheiten selbständig innerhalb der Schranken des für alle geltenden Gesetzes."

[3] Art. 42, 44.

[4] Daß die katholische Kirche den staatlichen Willen als Rechtsquelle anerkennt, ist damit nicht gesagt. Darüber unten § 4.

Kirchenrechts gegeben die grundlegende Scheidung zwischen göttlichem und menschlichem Recht. Die Großmachtstellung des Rechts in der Kirche ist nach katholischer Lehre nicht einfach ein Ergebnis geschichtlicher Entwicklung, nicht Menschenwerk und Menschenwille, sondern von Gott gewollt, von Christus begründet. Christus hat der Welt nicht nur den richtigen Glauben gelehrt, sondern auch den grundlegenden Bestand des Kirchenrechts als göttliches Recht geoffenbart. So ist er Glaubenslehrer und Gesetzgeber in unlösbarer Einheit[1]. Dieses göttlich geoffenbarte Recht ist eingeschlossen in das Evangelium[2]; das Neue Testament ist Glaubens- und Rechtsquelle zugleich, enthält Glaubens- und Rechtssätze. Das Neue Testament ist die göttliche Verfassungsurkunde der katholischen Kirche. Dieses Recht ist seiner göttlichen Natur entsprechend von dauernder Geltung, unveränderlich, dem Willen kirchlicher Gesetzgeber oder gar weltlicher Gewalten entrückt, ewiges Recht aus Gottes Kraft und Geist[3].

So verankert sich die katholische Kirche in Gott und beansprucht für sich eine unzerstörbare Rechtsgrundlage von übernatürlicher Stärke. Immerhin konnten aus den Christusworten des Neuen Testaments nur Grundlagen, Umrisse und etliche Einzelheiten gewonnen werden; es galt, von ihnen aus in folgerichtiger Verbindung und planvoller Gliederung den Rechtsbau der Kirche aufzuführen. Dieser Bau mußte der Welt um so festgefügter erscheinen, je mehr die Baumeister sich unmittelbar oder mittelbar auf Gott berufen konnten. Hier halfen von den Aposteln übermittelte Worte Christi („ipsius Christi ore") und Offenbarungen Gottes („spiritu sancto dictante")[4]. Diese „traditio divina" enthält göttliches und daher unabänderliches Recht wie das Neue Testament. Davon zu scheiden ist die traditio humana"; in ihr tritt uns von den Aposteln und ihren Nachfolgern „unter Beistand des heiligen Geistes" („assistentia spiritus sancti") geschaffenes Recht entgegen, das zwar in der Kirche vermöge seines Ursprungs besonderes Ansehen genießt, aber nicht unabänderlich ist. — Diese göttliche und menschliche Tradition dient teils zur Ergänzung (traditio constitutiva), teils zur Erläuterung (traditio interpretativa) des Neuen Testaments. Voraussetzung ihrer Gültigkeit ist die offizielle Anerkennung ihrer Echtheit durch die Kirche[5].

Zu den Rechtsätzen des Testaments und der Tradition tritt schließlich noch das „ius divinum naturale". Es ist ein durch logische Erschließung aus dem Wesen des Rechts und der Kirche, aus der „Natur der Sache" gewonnenes natürliches

---

[1] Am klarsten formuliert durch das Konzil von Trient (Sess. VI De iustif. c. XXI): „Si quis dixerit, Christum Jesum a Deo hominibus datum fuisse ut redemptorem, cui fidant, non etiam ut legislatorem, cui obediant: anathema sit."

[2] Oben S. 3. — Ev. Matth. XVI, 18; XVIII, 18; V, 32; XIX, 6; XXVIII, 19. Ev. Mark, XVI, 15, 16. Eph. II, 20. I. Kor. VII, 10; XII, 12, 13; u. a.

[3] Immerhin ergibt sich die Möglichkeit einer Einwirkung auf den praktischen Ausbau des göttlichen Rechtes durch die irdischen Träger der göttlichen Offenbarung, durch Papst und allgemeines Konzil. Insbesondere hat der Papst kraft seiner unfehlbaren Lehrgewalt die Befugnis und Fähigkeit, in rechtlich unanfechtbarer Weise über Sinn und Tragweite des göttlichen Rechtes zu befinden. Vgl. dazu die Professio Catholicae Fidei: „Apostolicas et Ecclesiasticas traditiones, reliquasque eiusdem Ecclesiae observationes et constitutiones firmissime admitto et amplector. Item sacram Scripturam iuxta eum sensum, quem tenuit et tenet sancta Mater Ecclesia, cuius est iudicare de vero sensu et interpretatione sacrarum Scripturarum, admitto."

[4] Ev. Mark. XVI, 20. — Das Konzil von Trient bestimmt darüber in seinem Decretum de canonicis scripturis (Sess. IV): „Perspiciensque hanc veritatem et disciplinam contineri in libris scriptis et sine scripto traditionibus quae ipsius Christi ore ab apostolis acceptae aut ab ipsis apostolis, spiritu sancto dictante, quasi per manus traditae ad nos usque pervenerunt." — Im Anschluß daran erklärte das Vatikanische Konzil (Sess. III) in seiner Constitutio dogmatica, de fide catholica: „Haec porro supernaturalis revelatio, secundum universalis ecclesiae fidem, a sancta Tridentina synodo declaratam, continetur in libris scriptis et sine scripto traditionibus quae ipsius Christi ore ab apostolis acceptae, aut ab ipsis apostolis spiritu sancto dictante quas per manus traditae, ad nos usque pervenerunt." Vgl. auch II. Thess. II, 15; I. Kor. VII, 12, 25.

[5] Will sagen durch den Papst, entsprechend dem Worte Pius IX: „La tradizion' son' io."

Recht. Dieses Naturrecht trat im Laufe der Entwicklung dem göttlich geoffenbarten und dem von der Kirche selbst gesetzten Rechte gegenüber in den Hintergrund, ist aber als Rechtsquelle anerkannt und soll auch in der Rechtssetzung der Kirche zum Ausdruck kommen[1].

Damit ist die Brücke geschlagen zum menschlichen Recht der Kirche (ius humanum). Dieses beruht im wesentlichen auf dem Willen der Kirche selbst. Sie beruft sich auf die ihr von Christus übertragene Gesetzgebungsgewalt und bestimmt grundsätzlich autonom, was in ihr als Recht gelten soll. Daneben kommt aber auch in beschränktem Umfange der Wille des Staates als Kirchenrechtsquelle in Betracht (Staatskirchenrecht), sei es, daß er selbständig in einseitig erlassenen Staatsgesetzen erklärt wird, sei es, daß er auf Grund von Vereinbarungen zwischen Staat und Kirche in die Erscheinung tritt[2].

Im Unterschied von dieser katholischen Rechtsquellenlehre lehnt die evangelische Kirche das göttliche Recht ab, Tradition und Naturrecht sind ihr fremd. Das Neue Testament ist zwar ihr Lebenselement als alles speisende Glaubensquelle, aber nicht als Rechtsquelle. Die Bibel und die evangelischen Bekenntnisschriften[3] enthalten Glaubenssätze, aber keine Rechtsätze. Das evangelische Kirchenrecht erscheint somit wie das weltliche Recht als dem Wechsel unterworfenes Menschenwerk, als Niederschlag der jeweiligen Kultur. Daher steht die evangelische Kirche in ihrer Rechtsentwicklung nicht vor unübersteigbaren Schranken, sondern alle denkbaren Verfassungsformen und Rechtsfiguren stehen zu ihrer Verfügung, ohne daß sie in ihrem Wesen auf diese oder jene gewiesen wäre. In scheinbarem Widerspruch dazu haben reformierte Kirchen die Verfassung der urchristlichen Gemeinden als die gottgefällige, richtige Verfassungsgrundlage erklärt. Aber auch diese Kirchen verbinden damit nicht oder jedenfalls nicht mehr die Vorstellung eines göttlich geoffenbarten Rechtes, sondern einer mit besonderer Verehrung zu wahrenden Einrichtung der Apostel. So hat das Wesen der Kirche nach evangelischer Auffassung mit dem Recht nichts zu tun, ist dem Recht gegenüber neutral. Nur darf das Recht dem geistlichen Zweck und Wesen der Kirche nicht widersprechen, darf insbesondere der wahren Wort- und Sakramentsverwaltung nicht im Wege stehen und ist aus dem Bereich des Glaubens fernzuhalten. Evangelisches Glaubenrecht wäre ein Widerspruch in sich.

Auch soweit das evangelische Kirchenrecht auf dem Willen der Kirche oder des Staates ruht, bestehen erhebliche Unterschiede von der katholischen Auffassung. Entsprechend ihrer Entstehung und Geschichte fügen sich die evangelischen Kirchen als nationale Gebilde in die Staatsordnung ein und bescheiden sich im Sinne der „Autonomie" mit der Rechtsetzungsgewalt, die ihnen gemäß der Staatsverfassung und den Staatsgesetzen zusteht[4]. Wie die evangelische Kirche keine göttliche Gesetzgebungsgewalt kennt, so ist sie auch nicht eingestellt auf eine grundsätzliche Unvereinbarkeit von kirchlichem und staatlichem Recht.

---

[1] Röm. II, 14ff. — In Syllabus errorum Nr. 56 (Encyclica „Quanta cura" von 1864) wird das Naturrecht anerkannt durch die Verdammung des Satzes: „Morum leges divina haud egent sanctione, minimeque opus est, ut humanae leges ad naturae ius conformentur aut obligandi vim a Deo accipiant." — Im Einklang damit verweist auch der Codex auf das ius naturale (z. B. can. 6 Nr. 6, can. 27 § 1).

[2] Unten § 4.

[3] Als solche kommen besonders in Betracht der lutherische Kathechismus (1529), die Augsburgische Konfession (1530), die Apologie (1531), die Schmalkaldischen Artikel (1537), die Konkordienformel (1580); für die Reformierten der Heidelberger Katechismus (1562—63) und die Helvetische Konfession (1566). — Dementsprechend sind auch die manchen Verfassungsurkunden der evangelischen Kirchen vorangestellten Bekenntnisse nicht als Rechtssätze zu betrachten (unten § 24, IV).

[4] Art. 1: „Die Kirche ordnet und verwaltet ihre Angelegenheiten selbständig innerhalb der Schranken des für alle geltenden Gesetzes." Dazu das preußische Staatsgesetz betr. die Kirchenverfassungen der evangelischen Landeskirchen vom 8. April 1924. Unten § 23.

2. Rechtsquellen im formellen Sinne.

Rechtsquelle im formellen Sinne ist die Form, in welcher der rechtsetzende Wille auftritt. Wie im weltlichen Recht, lassen sich auch im Kirchenrecht zwei solcher Formen unterscheiden: das Recht ist entweder Gesetzesrecht oder Gewohnheitsrecht.

a) Das katholische Gesetzesrecht (gesetztes, geschriebenes Recht, „ius scriptum") hat eine bald zweitausend Jahre zählende Geschichte hinter sich. Angefangen von Christus und den Aposteln, Bibel und geschriebener Tradition geht die Entwicklung zunächst über Beschlüsse von Konzilien und Synoden und bischöfliche Erlasse zu der großartigen Rechtsetzung der mittelalterlichen Päpste. In die große unübersichtliche Rechtsmasse kam im Anschluß an private Rechtssammlungen[1] einigermaßen Klarheit durch die Zusammenstellung des Corpus Juris Canonici. Dieses Rechtsbuch bestand aus sechs zwischen 1139 und 1500 verfaßten Stücken. Von ihnen stellten das erste (Decretum Gratiani, sog. „Concordantia discordantium canonani") und die zwei letzten (Extravagantes Joannis XXII, Extravagantes communes) Privatarbeiten dar, während die drei Mittelstücke (Liber Extra, Liber Sextus, Clementinae) offiziell von den Päpsten Gregor IX., Bonifatius VIII. u. Clemens V. erlassene Gesetze waren. Das corpus iuris canonici bildete bis in die neueste Zeit den Grundbestand des katholischen Kirchenrechts. Aber dieses war seit dem 15. Jahrhundert in tiefgreifender Weise ergänzt und fortgebildet worden, insbesondere durch die Beschlüsse zweier ökumenischer Konzilien (Konzil von Trient 1545—1563, Vatikanisches Konzil 1869—1870) und durch eine Menge päpstlicher und bischöflicher Rechtserlasse. So türmte sich über dem corpus iuris canonici von Jahrhundert zu Jahrhundert ein vielfach unklarer Wust kirchenrechtlicher Vorschriften, ohne daß die Päpste wie einst mit ordnender Hand eingriffen, um aus dem Durch- und Ineinander die nötige Klarheit und Rechtssicherheit zu schaffen. Das Kirchenrecht ward zur unübersichtlichen, widerspruchsvollen Stoffmasse, die Kirchenrechtslehre mehr und mehr eine Geheimwissenschaft. Demgegenüber setzte sich die Erkenntnis der Notwendigkeit einer „Kodifikation" des kirchlichen Rechtes allmählich durch, und die erfolgreichen Kodifikationen weltlichen Rechtes reizten zur Nachahmung. So machten sich Päpste, Kardinäle und Bischöfe, Theoretiker und Praktiker des kanonischen Rechtes zu Trägern des Kodifikationsplanes. Aber trotz päpstlicher Kodifikationen einzelner Rechtsbereiche fehlte die schöpferische Tat vom Stuhle Petri her. Da bestieg ihn ein Papst, der das „Omnia instaurare in Christo", die religiöse Gesamterneuerung der Kirche, zu seinem Wahlspruch erhob: Pius X. (1903—1914). Sein Eifer galt in erster Linie der Sorge für die Seelen, dem rein Religiösen, dem Glauben. Aber von hier aus ergriff die Neuerung notwendig auch das Recht, entsprechend seiner untrennbaren Einheit mit dem katholischen Glauben. Der von den Schlacken des Modernismus und anderen Entartungen befreite Glaube und die so gereinigte religiöse Gemeinschaft der Gläubigen sollten nach allen Richtungen des kirchlichen Lebens ihren Ausdruck und ihre Grundlage in einem entsprechenden Rechte finden. Es galt, die Geschlossenheit des Glaubens zu stellen auf die Einheit des Rechts. Die dazu nötige Rechtsreform schien Menschenkraft zu übersteigen; aber Pius X. sah in ihr seinen Beruf. Und kurz nach seiner Thronbesteigung trat er, von religiösem Eifer getrieben, an das Werk heran und verfügte 1904 (motu proprio „Arduum sane munus") die Kodifikation des kirchlichen Rechtes, die Schaffung eines Gesetzbuches der Kirche. Nach umfassenden Vorarbeiten brachten 1914 zwei Ereignisse den ganzen Plan in

[1] Insbesondere die Collectio Dionysiana (5. Jahrhundert), Collectio Dionyso-Hadriana (8. Jahrhundert), Collectio Hispana oder Isidoriana (8. Jahrhundert), die Pseudo-isidorischen Dekretalen (9. Jahrhundert), Collectio Anselmo dedicata (9. Jahrhundert), Libri duo de synodalibus causis (10. Jahrhundert), Decretum des Bischofs Burchardt von Worms (11. Jahrhundert), Decretum des Bischofs Ivo von Chartres (12. Jahrhundert).

doppelte Lebensgefahr: der Tod Pius X. und der Ausbruch des Weltkrieges. Aber das Werk bestand auch diese Belastungsproben. Der neue Papst, Benedikt XV., übernahm Plan und Pflicht der Kodifikation als heiliges Erbe, und allen Stürmen der Zeit zum Trotz ward nach zwölfjähriger Arbeit das Ziel schließlich rasch erreicht. Am 27. Mai 1917 erfolgte die Veröffentlichung des Codex Iuris Canonici mit einem feierlichen Schreiben des Papstes (Constitutio „Providentissima Mater"). In ihm erklärte der Papst den Codex als Gesetzbuch der Kirche und bestimmte, daß er am Pfingstsonntag, den 19. Mai 1918, in Kraft treten solle. Seither vollzieht sich das Rechtsleben der katholischen Kirche gemäß diesem Gesetzbuch, seither hat die Kirche, was sie noch nie zuvor besaß: eine klare Zusammenfassung ihres geltenden Rechtes, eine Rechts- und Verfassungsurkunde nach Art der Verfassungen und Gesetzbücher der modernen Staaten, — sie hat zu der einheitlichen Geschlossenheit ihres Glaubens nun auch noch die geschlossene Einheit ihres Rechtes.

Die Bestimmungen dieses Codex sind, entsprechend den Paragraphen und Artikeln der weltlichen Gesetzbücher, in 2414 „canones" durchlaufend beziffert und unter sachlichen Gesichtspunkten in fünf Bücher (Allgemeiner Teil, Personenrecht, Sachenrecht, Prozeßrecht, Strafrecht) eingeteilt[1]. In diesem mächtigen Gesetzeswerk ist alles wesentliche Recht der römisch-katholischen Kirche enthalten. Vorbehalten bleibt das Sonderrecht den orientalischen Kirchen[2] und ausgenommen ist grundsätzlich das Recht für die Beziehungen der Kirche zum Staat[3] und für die Liturgie[4]. Dem Gesetzestext vorangestellt ist in der amtlichen Codexausgabe die bei der Veröffentlichung ergangene Constitutio „Providentissima Mater" und das katholische Glaubensbekenntnis. Den Schluß der Ausgabe bildet eine Sammlung von acht Dokumenten. Sie betreffen die Papstwahl, die Besetzung der Pfarreien, das Sakrament der Buße und die Eheschließung bekehrter Heiden. Dieser Anhang an den Gesetzestext besagt, daß die in ihm wiedergegebenen Dokumente neben dem Codex weiterhin in Kraft stehen; ihre Einarbeitung in den Text selbst ist aus Gründen der Zweckmäßigkeit und Gesetzestechnik unterblieben.

Die weitere Rechtsentwicklung ruht — unbeschadet des göttlichen Rechtes — im Willen des Papstes, der als Träger der kirchlichen Gesetzgebungsgewalt durch seine Rechtserlasse über Änderung und Ausführung des Codexrechtes bestimmt[5]. Daneben können als gemeines gesetztes Recht in Betracht kommen die Rechtsbeschlüsse ökumenischer Konzilien. Im Rahmen dieses gemeinen Rechtes erfolgt die Setzung partikularen Rechtes durch kirchliche Organe und autonome Verbände mit sachlich und örtlich beschränkter Zuständigkeit, insbesondere durch Bischöfe und geistliche Genossenschaften.

b) Die evangelischen Kirchen erhielten ihr gesetztes Recht zunächst durch den Staat in Gestalt staatlicher Kirchenordnungen, während die evangelischen Bekenntnisschriften als Glaubensquellen zu werten sind[6]. Erst seit ihrer Verselbständigung gegenüber dem Staat und seit der staatlichen Anerkennung der kirchlichen Selbstgesetzgebung schaffen sich die Kirchen eigenes Recht durch Kirchen-

---

[1] Innerhalb der fünf Bücher sind die canones systematisch zusammengefaßt in Titel, im zweiten bis fünften Buche außerdem noch in Teile, Artikel, Kapitel und Abschnitte.

[2] Can. 1: „Licet in Codice iuris canonici quoque Orientalis disciplina saepe referatur, ipse tamen unam respicit Latinam Ecclesiam, neque Orientalem obligat, nisi de iis agatur, quae ex ipsa rei natura etiam Orientalem afficiunt." — Oben S. 1 Anm. 2.

[3] Can. 3 (unten S. 11).

[4] Can. 2. (Insbesondere das „Missale Romanum", „Pontificale Romanum", „Rituale Romanum").

[5] Unter dem Papste sind für die praktische Auswirkung und Fortbildung des Rechtes von maßgebender Bedeutung die in die Römische Kurie eingefügten Congregationes und Rota Romana (unten § 7). Die authentische Interpretation des Codex ist 1917 einer besonderen Kardinalskommission anvertraut worden (Commissio ad canones authentice interpretandos, Acta Apostolicae Sedis 9, 483ff.).

[6] Oben S. 8.

verfassungen, Kirchengesetze, Kirchen- und Synodalordnungen, Gemeinde- und verbandsstatuten.

Der in diesen Formen scheinbar gesicherte Rechtsbestand erfuhr grundlegende Änderungen durch das zwangsläufige Übergreifen der politischen Revolution von 1918 auf die evangelischen Kirchen. Sie haben sich in der Folgezeit neue Verfassungen geschaffen, deren Ausprägung durch kirchliche Gesetze und Verordnungen teils schon erfolgt ist, teils der Zukunft vorbehalten bleibt[1].

c) Zu diesem gesetzten Kirchenrecht tritt das vom Staat in Kirchensachen erlassene Recht, wie es uns in Staatsverfassungen, staatlichen Gesetzen und Rechtsverordnungen entgegentritt, und wie es enthalten ist in Verträgen, die vom Staat mit den Kirchen, vorweg mit der katholischen Kirche, geschlossen werden können. Solche Verträge wurden bis in die neueste Zeit zwischen Staat und katholischer Kirche geschlossen und heißen Konkordate oder Konventionen (conventiones)[2]. Es handelt sich dabei um öffentlich-rechtliche Verträge über die Regelung des Gesamtverhältnisses zwischen Staat und Kirche. Bei der Restauration der katholischen Kirche im 19. Jahrhundert hat von den deutschen Staaten nur Bayern ein solches Konkordat beschlossen (1817); für die übrigen Staaten ist die Regelung auf Grund vorheriger Verabredung durch einseitige Akte seitens der Kirche (Zirkumskriptionsbullen) und der Staaten (Gesetze) erfolgt. Dieser Tatbestand besteht unverändert, nur Bayern hat an Stelle des Konkordats von 1817 ein neues Konkordat vom 29. März 1924 und Preußen hat ein Konkordat (sog. „förmlicher Vertrag") vom 14. Juni 1929 geschlossen, und darüber hinaus gehen Bestrebungen auf Schließung eines Reichskonkordats. — Die Verträge des Staats mit der evangelischen Kirche kamen während des Bestehens des landesherrlichen Kirchenregiments nicht in Betracht, wohl aber auf Grund des neuen Verfassungsrechts der evangelischen

---

[1] Die überlieferte Anerkennung des corpus iuris canonici als subsidiäre Quelle evangelischen Kirchenrechts ist grundsätzlich abzulehnen, zumal nach der Neuschaffung des evangelischen Kirchenrechts und nach der Ersetzung des corpus durch den codex iuris canonici. Nunmehr sind Lücken im evangelischen Kirchenrecht aus diesem selbst, seinem Sinn und Geist entsprechend zu füllen.

[2] Die beim Erlaß des Codex bestehenden Konkordate sind durch das Inkrafttreten des Codex nicht geändert worden, vielmehr bestimmt can. 3: „Codicis canones initas ab Apostolica Sede cum variis Nationibus conventiones nullatenus abrogant aut iis aliquid obrogant; eae idcirco perinde ac in praesens vigere pergent, contrariis huius Codicis praescriptis minime obstantibus." — Die älteren Konkordate (Wormser Konkordat 1122, Konstanzer Konkordat 1418, deutsche Fürstenkonkordate 1447, Wiener Konkordat 1448, Konkordat von Bologna 1516) regelten bestimmte Einzelfragen, während die neueren Konkordate (Französisches Konkordat 1801, Bayrisches Konkordat 1817, Spanisches Konkordat 1851, Österreichisches Konkordat 1855, Württembergischer Konkordatsversuch 1857, Badischer Konkordatsversuch 1859, Portugiesisches Konkordat 1886, Kolumbisches Konkordat 1887, Lettisches Konkordat 1922, Bayrisches Konkordat 1924, Polnisches Konkordat 1925, Rumänisches Konkordat 1927, Litauisches Konkordat 1927, Italienisches Konkordat 1929, Preußisches Konkordat 1929) in der Regel eine möglichst umfassende Regelung der Beziehungen zwischen Staat und katholischer Kirche bezwecken. — Über die rechtliche Natur der Konkordate sind verschiedene Theorien aufgestellt worden: gemäß der Privilegientheorie sollen vom Papst frei widerrufliche Privilegien der Kirche an den Staat in Frage stehen; umgekehrt will die Legaltheorie, es handle sich um staatsgesetzlich gewährte und durch staatliche Gesetzesänderung widerrufliche Konzessionen des Staates an die Kirche; die Vertragstheorie faßt das Konkordat als völkerrechtlichen oder quasi-völkerrechtlichen oder öffentlich-rechtlichen Vertrag; die Versprechenstheorie schließlich betrachtet das Konkordat als ein lediglich moralisch verpflichtendes Versprechen der Ausführung des Versprochenen durch kirchliche und staatliche Rechtserlasse. Die Verschiedenheit der rechtlichen Konstruktion ist insofern von rein akademischer Bedeutung, als heute in der Praxis des Staates wie der katholischen Kirche die Vertragstherorie anerkannt ist. Sie entspricht dem Willen der Konkordatsparteien und kann auch rechtslogisch gerechtfertigt werden, da der scheinbar fehlende gemeinsame Rechtsboden für den Vertrag durch die gemeinsame Anerkennung der im Völkerrecht allgemeingültigen Regeln über Abschluß, Gültigkeit, Auflösung der Verträge und über den Rücktritt von ihnen geschaffen wird.

Als Verträge über einzelne Materien sind zu nennen die „Accords" mit Frankreich 1926, der „Modus vivendi" mit der Tschechoslowakei 1928, der „Accordo" mit Portugal 1928.

Kirchen. Auch hier ist Bayern vorangegangen, indem es auch mit seinen evangelischen Kirchen Verträge vom 15. November 1924 geschlossen hat. Verträge zwischen Staat und evangelischen Kirchen in Preußen stehen vor dem Abschluß[1].

Hinter dem gesetzlichen Kirchenrecht tritt das Gewohnheitsrecht in den Hintergrund und kommt nur mehr ausnahmsweise in Betracht. Voraussetzung für seine Entstehung ist die tatsächliche mit der Überzeugung der Rechtsgemäßheit erfolgte, rationelle und längere Zeit andauernde Übung. Für die katholische Kirche kommen dazu die Besonderheiten, daß Gewohnheiten den Rechtscharakter nur erlangen kraft Zustimmung des für den fraglichen Rechtsbereich zuständigen gesetzgebenden Organs, und daß als Träger rechtsbildender Gewohnheiten nur der Klerus in Betracht kommt[2].

Solche Genehmigung ist dem evangelischen Kirchenrecht unbekannt, und die Gewohnheitsbildung erfolgt in den evangelischen Kirchengemeinden.

§ 3. Die Kirchenangehörigkeit.

Evangelische und katholische Kirche stimmen darin überein, daß die Taufe als notwendige Voraussetzung für die Zugehörigkeit zur Kirche zu betrachten ist. Ohne Taufe keine Kirchenangehörigkeit. Auch darin gehen beide Kirchen einig, daß die Kindertaufe als Regel, die Taufe Erwachsener als Ausnahme gilt. Und schließlich ist gemeinsam die grundsätzliche Auffassung, daß das Alter der Kirchenangehörigen insofern rechtliche Unterschiede begründet, als Kinder, Jugendliche und religiös Mündige im Rechte verschieden behandelt werden. Jenseits dieser Übereinstimmungen bestehen aber wesentliche Unterschiede zwischen evangelischem und katholischem Kirchenrecht, bedingt durch die Wesensunterschiede der Kirchen selbst.

I. Einfach und eindeutig ist das katholische Kirchenrecht. Es geht aus von der in der katholischen Kirche dargestellten Einheit der wahren Kirche und von der christlichen Taufe als dem von Christus vorgeschriebenen Rechtsakte des Eintritts[3]. Daraus ergibt sich, daß alle christlich gültig Getauften durch die Taufe Angehörige der katholischen Kirche sind. Da überdies durch die christliche Taufe diese Zugehörigkeit zur katholischen Kirche unverlierbar erworben wird („character indelebilis" des Taufsakramentes), läßt das katholische Kirchenrecht keinen Austritt aus der Kirche zu, sondern erklärt Austritte für rechtsungültig; Austrittsversuche belegt es mit schweren Kirchenstrafen[4], mag der Katholik sich mittelbar von der Kirche lossagen als Apostat, Häretiker oder Schismatiker[5], oder mag er unmittelbar austreten wollen, um künftig kirchenlos zu leben oder um in eine andere Religionsgesellschaft überzutreten. — Jenem unverlierbaren Merkmal der Taufe entspricht aber auch die Unmöglichkeit einer Ausschließung Fehlbarer durch die Kirche. Auch die schwere Strafe der Exkommunikation bedeutet nicht Ausschluß aus der Kirche; der Exkommunizierte verliert Rechte und Möglichkeiten der Teilnahme an kirchlichen Heilsgütern, aber er bleibt Angehöriger der Kirche und hat die hieraus fließenden Pflichten grundsätzlich zu erfüllen.

---

[1] In diesen Zusammenhang fällt auch das zwischen der altpreußischen Kirche und dem litauischen Staat geschlossene „Memelabkommen" von 1925 betr. die mit gewissen Änderungen erfolgte Einführung der altpreußischen Kirchenverfassung im Memelgebiet.

[2] Im einzelnen s. die eingehenden Vorschriften in can. 25ff. Besonders wichtig can. 25: „Consuetudo in Ecclesia vim legis a consensu competentis Superioris ecclesiastici unice obtinet."

[3] Ev. Matth. XXVIII, 19. — Can. 87: „Baptismate homo constituitur in Ecclesia Christi persona cum omnibus christianorum iuribus et officiis, nisi, ad iura quod attinet, obstet obex, ecclesiasticae communionis vinculum impediens, vel lata ab Ecclesia censura." — Vgl. auch can. 12.

[4] Can. 2314ff.

[5] Die drei Begriffe sind in can. 1325 § 2 so definiert: „Post receptum baptismum si quis, nomen retinens christianum, pertinaciter aliquam ex veritatibus fide divina et catholica credendis denegat aut de ea dubitat, haereticus; si a fide christiana totaliter recedit, apostata; si denique subesse renuit Summo Pontifici aut cum membris Ecclesiae ei subiectis communicare recusat, schismaticus est."

Mit dieser Regelung und dem Anstaltscharakter der katholischen Kirche steht im Einklang, daß der rechtliche Inhalt der Kirchenangehörigkeit wesentlich aus Pflichten besteht. Der Katholik ist in erster Linie und grundsätzlich gehorsamspflichtiger Untertan, Gegenstand für das vom Klerus geübte Wirken der Kirche. Dagegen ist er der Kirche gegenüber nur ausnahmsweise Träger subjektiver Rechte; so steht ihm bei der Erfüllung der von der Kirche bestimmten Voraussetzungen das Recht auf Gewährung der kirchlichen Heilsmittel, insbesondere auf die Spendung der Sakramente (can. 682), und das Recht auf etwaige Beteiligung an der kirchlichen Vermögensverwaltung zu (can. 1521)[1].

II. Ganz anders das evangelische Kirchenrecht. Vorweg ergibt sich aus dem Aufbau der evangelischen Kirche auf den Kirchengemeinden der Grundsatz, daß die Kirchenmitgliedschaft grundsätzlich nicht unmittelbar erworben wird, sondern durch die Mitgliedschaft in einer Kirchengemeinde. Die Gemeindeangehörigkeit ist meist Voraussetzung der Kirchenangehörigkeit. Aufnahme, Eintritt und Übertritt erfolgen somit nicht in die Kirche als solche, sondern in eine Gemeinde. Diese ist bei Unmündigen die Gemeinde des Inhabers der religiösen Erziehungsgewalt, im übrigen die Gemeinde des Wohnsitzes oder dauernden Aufenthaltes, ausnahmsweise die auf rein persönliche Gemeinschaft oder anstaltliches Zusammenleben gegründete Personal- oder Anstaltsgemeinde (Militärgemeinden, Straf- und Fürsorgeanstalten). Für diese Gemeindeangehörigkeit ist zwar die Taufe notwendige Voraussetzung; aber der Taufakt schafft rechtlich nur deshalb die Mitgliedschaft, weil der Träger der religiösen Erziehungsgewalt das Kind im evangelischen Bekenntnis zu erziehen verspricht[2]. Sobald dieser Wille wechselt, das Kind also in einem anderen Bekenntnis erzogen wird, hört auch seine Mitgliedschaft in der evangelischen Gemeinde und Kirche auf. Die Erziehungsberechtigten entscheiden somit ausdrücklich oder stillschweigend über die Kirchenangehörigkeit ihrer Mündel[3]. Diese selbst erhalten das Entscheidungsrecht mit ihrer nach vollendetem 14. Altersjahr (annus discretionis) eintretenden religiösen Mündigkeit. Deshalb erfolgt nach ihrer Erreichung durch die mündig Gewordenen die Klarstellung ihrer Mitgliedschaft in Gestalt der Konfirmation. Sie bedeutet rechtlich die Erklärung des Konfirmanden, daß er der Gemeinde und damit der Kirche als Mitglied angehören wolle. Dementsprechend entstehen nun für ihn alle in der Kirchenmitgliedschaft begriffenen persönlichen Rechte und Pflichten. Ausgenommen sind Wahlrecht, Wählbarkeit und Pflicht zur Übernahme von Ämtern, wofür durchweg ein höheres Alter verlangt wird.

Die Mitgliedschaftsrechte und -pflichten sind mannigfaltiger Art[4]. Als Rechte

---

[1] Can. 118: „Soli clerici possunt potestatem sive ordinis sive iurisdictionis ecclesiasticae et beneficia ac pensiones ecclesiasticas obtinere." — Aus der Reihe von Fähigkeiten und Möglichkeiten können als Rechte noch herausgehoben werden das Petitionsrecht (can. 36) und der Rechtsschutzanspruch (can. 1646). — Als Pflichten der Laien kommen besonders in Betracht: die Ehrerbietung gegenüber dem Klerus und den Religiosen (can. 119, 487), die Glaubenspflicht (can. 1323), die Pflicht zur Bekennung des katholischen Glaubens (can. 1325), die Pflicht zur Teilnahme an Sakramenten und Sakramentalien der Kirche (can. 731 ff.), die Gehorsamspflicht gegenüber den kirchlichen Rechtserlassen und Jurisdiktionsakten (can. 12, 13, 118, 119, 948), die Abgabenpflicht (can. 1496) usw.

[2] Vgl. dazu das Reichsgesetz über die religiöse Kindererziehung vom 15. Juli 1921. — Unten § 3, III.

[3] Immerhin kann ein Kind nach vollendetem 12. Lebensjahr nicht gegen seinen Willen in einem anderen Bekenntnis als bisher erzogen werden (Reichsgesetz über die religiöse Kindererziehung § 5).

[4] Art. 7: „1. Die Gemeindeglieder haben Anteil an den kirchlichen Einrichtungen der Gemeinde und Anspruch auf den Dienst der Kirche. In sprachlich gemischten Gebieten ist der Darbietung des kirchlichen Dienstes in der Muttersprache der Gemeindeglieder besondere Fürsorge zuzuwenden. — 2. Die Gemeindeglieder sollen einen christlichen Lebenswandel führen, die Gnadenmittel der Kirche fleißig gebrauchen und zum Aufbau der Kirche und der Gemeinde nach bestem Vermögen beitragen. Sie sind verpflichtet, die Gemeindeämter, insbesondere die eines Ältesten und Gemeindeverordneten zu übernehmen und gewissenhaft zu führen, die Ordnungen der Kirche zu beobachten und die kirchlichen Abgaben zu entrichten." — Vgl. dazu Art. 18.

kommen insbesondere in Betracht das Recht auf die dem Zwecke der Kirche entsprechenden Leistungen wie Taufe, Konfirmation, Trauung, Bestattung u. a., das Recht auf Teilnahme am Leben der Kirche, an ihren Einrichtungen und Werken, das Wahl- und Stimmrecht. Das besonders wichtige Recht, zu wählen und an Abstimmungen teilzunehmen, steht den Männern und Frauen frühestens mit der Vollendung des 20. Altersjahres zu; gelegentlich wird auch ein schon länger dauernder Wohnsitz in der Abstimmungsgemeinde, pflichtmäßige Erfüllung der finanziellen und wesentlicher religiöser Pflichten gegenüber der Kirche, Besitz der bürgerlichen Rechte und Ehren und eines guten Rufes verlangt. Dagegen wird deutsche Staatsangehörigkeit nicht zur Voraussetzung gemacht, so daß auch die ausländischen Kirchenmitglieder wahl- und stimmberechtigt sind. — Die entsprechenden Voraussetzungen wie für das Wahlrecht werden meist auch für die Wählbarkeit in die kirchlichen Behörden verlangt; zum Teil sind aber noch weitere Voraussetzungen, insbesondere die des höheren Alters, zu erfüllen.

Diese Mitgliedschaft in der evangelischen Kirche ruht auf dem freien Willen der Mitglieder. Daher steht es ihnen jederzeit frei, sie aufzugeben, sei es, um in eine andere Religionsgesellschaft einzutreten (Übertritt), sei es, um künftig keiner Religionsgemeinschaft anzugehören (Austritt). Auch hier bedingen einander Gemeinde und Kirche, indem ein Ausscheiden aus der Kirche den Verlust der Gemeindeangehörigkeit bedeutet, und indem umgekehrt mit diesem auch die Kirchenangehörigkeit verloren geht. Dabei ist nur zu beachten, daß der Verlust der Gemeindeangehörigkeit durch Wegzug in eine andere Gemeinde derselben Kirche die Kirchenangehörigkeit nicht berührt.

Die Formen und Wirkungen dieses Übertritts und Austritts sind im einzelnen in den evangelischen Kirchen verschieden geregelt. Wesentlich ist stets, daß eine Erklärung zu Händen der zuständigen Behörden erfolgen muß und daß innerhalb bestimmter Frist seit Abgabe dieser Erklärung die Mitgliedschaftsrechte und -pflichten erlöschen. Dagegen kann sich der Austritt formlos vollziehen als natürliche Folge der Übersiedlung an einen außerhalb des Bereiches der Kirche gelegenen Ort.

Wie der Austritt und Übertritt, so steht auch die Rückkehr in Gemeinde und Kirche dem Einzelnen frei. Auf Grund eines förmlichen Gesuches um Wiederaufnahme in die Gemeinde entscheidet der Pfarrer im Einvernehmen mit dem Kirchenvorstand. Die Wiederaufnahme erfolgt nach freiem Ermessen unter Würdigung der Beweggründe des Gesuchstellers und unter der Verpflichtung, versäumte wesentliche Mitgliederpflichten wie Taufe, Konfirmation, Trauung, nachträglich zu erfüllen.

Dem Austrittsrecht der Mitglieder entspricht das Ausschlußrecht der evangelischen Kirche. Dieses wenig geübte Recht kommt in Betracht bei schwerer, öffentlich anstößiger Verfehlung gegen Grundlehren und Hauptforderungen der Kirche[1].

III. Für die Kirchenangehörigkeit der Kinder ist von entscheidender Bedeutung, wer während der religiösen Unmündigkeit an ihrer Stelle entscheidungsberechtigt ist. In der Absicht, für die religiöse Kindererziehung, deren Regelung durch EGBGB. Art. 134 dem Landesrecht vorbehalten und von diesem in mannigfaltiger Art getroffen war, einheitliches Recht zu schaffen, hat das Reich kraft Reichsverfassung Art. 7 Nr. 1 ein Reichsgesetz über die religiöse Kindererziehung vom 15. Juni 1921 erlassen. Dieses Gesetz stellt zunächst ab auf den übereinstimmenden Willen der Eltern, indem es vorschreibt: „Über die religiöse Erziehung eines Kindes bestimmt die freie Einigung der Eltern, soweit ihnen das Recht und die Pflicht zusteht, für die Person des Kindes zu sorgen“ (§ 1). Diese Einigung ist jedoch jederzeit widerruflich und fällt mit dem Tod eines Ehegatten dahin. In diesen Fällen und wenn von

[1] In der Verfassung der Kirche von Hessen-Kassel § 9 ist ein Ausschluß „wegen öffentlichen Ärgernisses“ vorgesehen. Aber auch ohne ausdrückliche Normierung haben die Kirchen das Recht der Ausschließung.

vornherein eine Einigung nicht zustande kommt, „gelten auch für die religiöse Erziehung die Vorschriften des Bürgerlichen Gesetzbuchs über das Recht und die Pflicht, für die Person des Kindes zu sorgen" (§ 2). Immerhin ist der Inhaber der Erziehungsgewalt insofern gebunden, als während bestehender Ehe von keinem Elternteil ohne die Zustimmung des anderen bestimmt werden kann, das Kind solle in einem anderen als dem zur Zeit der Eheschließung gemeinsamen Bekenntnis oder in einem anderen Bekenntnis als bisher erzogen, oder vom Religionsunterricht abgemeldet werden (§ 2 Abs. 2). Bei Verweigerung der Zustimmung kann die Vermittlung oder Entscheidung des Vormundschaftsgerichts beantragt werden. Dieses hat vor einer Entscheidung außer den Eltern (auch etwa Verwandten und Lehrern) das Kind selbst zu hören, wenn es das 10. Lebensjahr zurückgelegt hat. In entsprechender Weise entscheidet das Vormundschaftsgericht als Genehmigungsbehörde, wenn einem Vormund oder Pfleger die Erziehungsgewalt und damit das Bestimmungsrecht über die religiöse Erziehung eines Kindes zusteht. Ist dagegen der Vormund oder Pfleger nur neben Vater oder Mutter mit der Sorge für das Kind betraut, so entscheidet bei einer Meinungsverschiedenheit über die religiöse Erziehung der Wille dieser. — Im Unterschied von jener Einigung, die als tatsächlicher mit Rechtswirkungen ausgestatteter Zustand zu betrachten ist, spricht das Gesetz zur Vermeidung konfessionellen Gewissenszwanges den Erziehungsverträgen die bürgerlich-rechtliche Wirkung ab (§ 4: „Verträge über die religiöse Erziehung eines Kindes sind ohne bürgerliche Wirkung"). Solche Verträge sind somit bürgerlichrechtlich als nichtig zu betrachten, ihr Abschluß ist aber nicht verboten, und wenn sie abgeschlossen werden, können sie unter ethischen und kirchlichen Gesichtspunkten den Eltern als verpflichtend erscheinen und so den Tatbestand der Einigung schaffen. Dagegen bleiben die vor der Gesetzesverkündung (29. Juli 1921) gemäß Landesrecht abgeschlossenen Erziehungsverträge in Kraft, sie können aber auf Antrag der Eltern oder des überlebenden Elternteils durch Beschluß des Vormundschaftsgerichts aufgehoben werden (§ 9). — Aus der Garantie der Glaubens- und Gewissensfreiheit folgt schließlich, daß rechtlich keine Verpflichtung zu einer religiösen Erziehung und einem religiösen Bekenntnis besteht. Darauf weist das Gesetz noch besonders hin mit der Erklärung, daß seine Bestimmungen auf die Erziehung der Kinder „in einer nicht bekenntnismäßigen Weltanschauung" entsprechende Anwendung finden (§ 6).

§ 4. Staat und Kirche.

I. Wir sind gewohnt, das Leben der Einzelnen und der Völker zweifach und verschieden geregelt zu sehen durch geistliche und weltliche Lebensordnung. Die Träger dieser Ordnungen, Kirche und Staat, stehen als zwei eigenartige, gesonderte Gebilde vor uns, verschieden nach Begriff und Gestalt, Zweck und Tätigkeit. Staat und Kirche erscheinen uns bildlich wie zwei um eigene Mittelpunkte gezogene Kreise, die sich im einzelnen Menschen schneiden. Und dieses Zusammentreffen im Staats- und Kirchenangehörigen nötigt uns, durch eine rechtliche Ordnung die Grenzen zwischen staatlichem und kirchlichem Bereiche zu ziehen. Wir müssen fragen: Was ist des Staates? Was ist der Kirche?

Die Geschichte lehrt, daß diese Gestaltung nicht selbstverständlich ist, sondern erst im 19. Jahrhundert zur Herrschaft gelangte. Bis dahin standen Staat und Kirche nicht unter dem Zeichen der Abgrenzung, sondern der Gemeinschaft. Diese war nach den ersten Jahrhunderten staatlicher Gleichgültigkeit, Feindschaft (Christenverfolgungen), Duldung und rechtlicher Gleichstellung mit dem Heiden- und Judentum (Mailänder Toleranzedikt 313) schon im Jahre 380 rechtlich festgelegt durch die Anerkennung des Christentums als Staatsreligion. Der Preis für diesen Sieg war die völlige Unterordnung der Kirche unter den römischen Staat;

dieser machte sich zum Herrn über die Kirche und in der Kirche („Staatskirchentum“). Solche Herrschaft des Staats über die Kirche blieb nach der Teilung des römischen Reiches das kirchenpolitische System des oströmischen Reichs („Byzantinismus“). Anders im weströmischen Reich und damit im Abendland, das uns im folgenden allein beschäftigt. Nach dem Untergang dieses Reiches (476) ging hier die Entwicklung — schon von Augustin und dann durch Thomas von Aquino literarisch, durch gefälschte Rechtsquellen (pseudo-isidorische Dekretalen) rechtlich begründet — auf kirchlich-staatliche Gemeinschaft mit Übertragung der Vormachtstellung des Staates auf die Kirche. Wenn dem auch die germanischen Staaten grundsätzlich widerstrebten, und obwohl mächtige Herrscher wie Karl der Große, Otto I., Heinrich III. hemmend in den Weg traten, gelang es doch in der Folgezeit den Päpsten, die Kirche zur Herrin über den Staat zu machen („Kirchenstaatstum“). Seit dem 14. Jahrhundert erweist sich diese Herrschaft der Kirche als immer weniger durchführbar (Ludwig der Bayer, Kurverein zu Rense, Goldene Bulle, Ausbau der landesherrlichen Gewalt und des Absolutismus, Mystik, Renaissance, Aufnahme des römischen Rechts, Humanismus u. a.), und schließlich brach sie zusammen durch die Reformation und die Entstehung des modernen Staates. Dieser hält zwar zunächst an der Einheit von Staat und Kirche fest und vermag das vermöge seines grundsätzlich konfessionellen Charakters (Zeit der „Religionsstaaten“ mit dem Grundsatz „cuius regio eius religio“), aber er dreht das Machtverhältnis zwischen sich und der Kirche um und begründet die Herrschaft des Staates über die Kirche („Caesareopapismus“, „Territorialismus“ in den evangelischen Staaten, „Josephinismus“ in den katholischen Staaten). Die Kirche wird eine Staatsanstalt zur Erziehung guter Bürger. Aus diesem verschiedenartig ausgeprägten neuzeitlichen Staatskirchentum werden die Kirchen erst befreit dank der im 19. Jahrhundert zur Regel gewordenen konfessionellen Mischung in den Staaten und der dadurch bedingten interkonfessionellen Einstellung der Staatsgewalt („Parität“) und dank der seit Ende des 18. Jahrhunderts immer mehr verallgemeinerten Forderung religiöser Freiheit der Einzelnen und der Verbände.

Im Einklang damit zog sich nach dem Vorgang Brandenburg-Preußens (Allgemeines Landrecht 1794) der deutsche Staat seit Anfang des 19. Jahrhunderts mehr und mehr, wenn auch zögernd und unter Rückfällen in das Staatskirchentum, vom religiösen und damit vom innerkirchlichen Leben grundsätzlich zurück. Die Kirchen erhielten in diesem Bereiche grundsätzliche Selbständigkeit in Gestalt der Selbstgesetzgebung und Selbstverwaltung („Kirchenregiment“). Der Staat wahrte sich die Souveränität für seine weltlichen Aufgaben, für die Abgrenzung des Wirkungskreises der Kirchen und für die Aufsicht über deren Tätigkeit („Kirchenhoheit“). Anderseits vollzog der Staat diese Verselbständigung der Kirchen nicht im Sinne ihrer Herabsetzung zu Privatvereinen und ihrer Unterstellung unter das private Vereinsrecht (Trennung von Staat und Kirche), sondern er trug der großen religiösen und allgemein kulturellen Bedeutung der Kirchen Rechnung und hielt insofern die Verbindung mit ihnen aufrecht, als er sie durch Einräumung einer rechtlichen Vorzugsstellung begünstigte (Privilegien). Als solche Bevorzugungen erscheinen: die Zuerkennung der Selbstgesetzgebung und Selbstverwaltung, des Besteuerungsrechtes, eines besonderen strafrechtlichen Schutzes, der staatlichen Hilfe zur Durchführung rechtmäßiger Verwaltungsakte (besonders im Steuer- und Disziplinarwesen), Anerkennung der kirchlichen Verfassung als öffentliches Recht und der kirchlichen Ämter als öffentliche Ämter, Bevorzugung der kirchlichen Amtsträger, Gewährung finanzieller Staatsleistungen und Steuerbegünstigungen, Sicherung des Kirchenvermögens, Zusammenwirken des Staates mit der Kirche (Sittenpolizei, Sonn- und Feiertagsordnung, Schulwesen, Militär- und Anstaltsseelsorge u. a.).

Als Gegenstück zu diesen Bevorzugungen unterwarf der Staat die Kirchen entsprechend jener gehobenen Rechtsstellung einer besonderen, über die gewöhnliche Vereinspolizei hinausgehenden Staatsaufsicht. Damit schuf der Staat eine eigenartige Betätigung seiner Gewalt mit besonderer Beziehung auf die Kirche („Kirchenhoheit") und mit dem Ziele, der Kirchentätigkeit die im öffentlichen Interesse gebotenen Grenzen zu ziehen und deren Beobachtung durch die Kirchen zu sichern. Der Inhalt dieser Kirchenhoheit des Staates wurde durch Staatsgesetze umschrieben, und diese staatskirchenrechtlichen Vorschriften gaben die Grundlage ab für eine staatliche Zivil-, Straf- und Verwaltungsgerichtsbarkeit in Kirchensachen und für die Aufsichtsführung durch die Organe der Staatskirchenverwaltung. Praktisch am wichtigsten ward diese verwaltungsmäßige Aufsicht, vermöge der eine fortlaufende Kontrolle über die Wahrung des staatlichen Rechtes und die Erfüllung der staatsrechtlichen Kirchenpflichten erreicht wurde. Dabei sind neben den gewöhnlichen Formen und Wegen der staatlichen Verwaltung besondere Aufsichtsmittel ausgebildet worden, so die Beschwerde wegen Mißbrauchs der geistlichen Amtsgewalt („recursus ab abusu"), die Sperrung der finanziellen Leistungen des Staates („Temporaliensperre"), die Staatsgenehmigung für Vollzug oder Verkündigung kirchlicher Akte („placet").

Dieses kirchenpolitische System der Staatskirchenhoheit ist im 19. Jahrhundert in Deutschland zu voller Herrschaft gelangt und in umfassender Weise rechtlich ausgebaut worden. Das maßgebende Recht wurde — abgesehen von vereinzeltem Reichsrecht — durch die Landesgesetzgebung geschaffen und von der Landesverwaltung gehandhabt.

II. Die neue Reichsverfassung von 1919 hat eine wesentliche Verschiebung zugunsten des Reichsrechts gebracht. Sie schuf vorweg in Art. 10 Nr. 1 die Zuständigkeit des Reichs, auf dem Wege der Gesetzgebung und unter Vorbehalt näherer Ausführung durch das Landesrecht „Grundsätze" im Sinne verbindlicher Wegleitungen über die Rechte und Pflichten der Religionsgesellschaften aufzustellen. Darüber hinaus ist der Verfassung in ihre „Grundrechte und Grundpflichten der Deutschen" ein Abschnitt über „Religion und Religionsgesellschaften" eingefügt (Art. 135—141), der grundlegende Vorschriften über die rechtliche Stellung der Religionsgesellschaften und die Religionsfreiheit enthält. Und auf dieser verfassungsrechtlichen Grundlage kann weiteres Reichsrecht geschaffen und damit das Staatskirchenrecht der Länder noch mehr beschränkt werden. Immerhin ist die staatliche Verwaltungstätigkeit in Kirchensachen grundsätzlich (Art. 14) den Ländern verblieben, und auch in der Rechtssetzung haben sie ihre Zuständigkeit insoweit behalten, als diese nicht durch die Reichsverfassung und die sie ausführenden Reichsgesetze beschränkt sind.

1. Die Reichsverfassung bedeutet keinen Umsturz der kirchenpolitischen und staatskirchenrechtlichen Gestaltung, sondern eine in der gegebenen Linie der Verselbständigung der Kirchen liegende Entwicklung. Diese Entwicklung ist aber nicht bis zur Trennung von Staat und Kirche geführt. Die Verfassung stellt zwar in Art. 137 Abs. 1 den Grundsatz auf: „Es besteht keine Staatskirche." Aber diese programmatische Erklärung besagt nur, daß die Länder verpflichtet sind, bei der Gestaltung ihres Verhältnisses zu den Kirchen Verbindungen nach Art des historischen Staatskirchentums außer Betracht zu lassen und dessen bisher noch vorhandenen Reste, insbesondere die mittelbare staatliche Kirchenregierung durch das „landesherrliche Kirchenregiment" aus ihrem Rechte zu beseitigen. Dagegen sind die Länder weder verpflichtet noch berechtigt, die Trennung von Staat und Kirche einzuführen. Wesensmerkmal dieser Trennung ist ja die Einfügung der Kirche in den Rahmen des Privatrechts, und eben dieser privatrechtliche Aufbau der Kirchen ist durch die Reichsverfassung selbst abgelehnt mit der Vorschrift, daß die Religionsgesellschaften Körperschaften des öffentlichen Rechtes bleiben, soweit sie solche bisher waren, und daß anderen Religionsgesellschaften und Vereinigungen

zur gemeinschaftlichen Pflege einer Weltanschauung auf ihren Antrag gleiche Rechte zu gewähren sind, wenn sie durch Verfassung und Mitgliederzahl die Gewähr der Dauer bieten (Art. 137 Abs. 5—7). Damit ist den Kirchen ihre bisherige öffentlich-rechtliche Grundlage verfassungsrechtlich gewahrt und dementsprechend das Besteuerungsrecht als Mindestmaß öffentlicher Gewalt zuerkannt (Art. 137 Abs. 6). Außerdem gewährleistet die Reichsverfassung den Kirchen wie auch allen anderen Religionsgesellschaften und Weltanschauungsvereinigungen die Selbstgesetzgebung und Selbstverwaltung durch die Bestimmung, diese Kirchen und Verbände ordnen und verwalten ihre Angelegenheiten selbständig innerhalb der Schranken des für alle geltenden Gesetzes und verleihen ihre Ämter ohne Mitwirkung des Staates oder der bürgerlichen Gemeinde (Art. 137 Abs. 3). Dieses „Selbstbestimmungsrecht" wird zunächst durch die allgemein gültigen Staatsgesetze begrenzt; ob und inwieweit den öffentlich-rechtlichen Körperschaften darüber hinaus öffentlich-rechtliche Befugnisse und Pflichten zustehen sollen, bestimmen die Länder nach ihrem Ermessen (Art. 137 Abs. 8). Das Landesrecht hat sich dabei selbstverständlich im Rahmen des Reichsrechts zu halten. Dieses sieht insbesondere im Finanzwesen der Kirchen eine grundlegende Neuerung vor, indem es eine nach reichsrechtlichen Grundsätzen vorzunehmende Ablösung der den Ländern obliegenden Zuschüsse an die Religionsgesellschaften verfügt (Art. 138 Abs. 1). Es sollen somit die auf irgendwelchen Rechtstiteln beruhenden Staatsleistungen an die Kirchen gegen Entschädigung aufgehoben werden. Auch gewährleistet die Reichsverfassung, daß künftig keine Säkularisationen erfolgen werden, das Kirchengut also dem Zugriff des Staates entzogen ist, soweit es sich nicht um gesetzlich zulässige Einwirkungen handelt wie bei Enteignung und öffentlich-rechtlichen Abgaben (Art. 138 Abs. 2).

Trotz dieser grundsätzlichen Neutralitätserklärung des Reichs nimmt die Reichsverfassung doch wieder besondere Rücksicht auf die Religion und damit auch auf die Religionsgesellschaften. Das zeigt sich in dem Schutz des Sonntags und der staatlich anerkannten, meist kirchlichen Feiertage (Art. 139 StrGB § 366 Nr. 1), in der den Angehörigen der Wehrmacht gewährleisteten Freizeit zur Erfüllung religiöser Pflichten (Art. 140) und in der bei vorliegendem Bedürfnis nicht versagbaren Zulassung der Religionsgesellschaften zur Vornahme religiöser Handlungen im Heer und in öffentlich-rechtlichen Anstalten (Art. 141), in der grundsätzlichen Anerkennung der Religion als ordentliches Lehrfach der Schulen (Art. 149 Abs. 1) und in der Erhaltung der theologischen Fakultäten an den Hochschulen (Art. 149 Abs. 3)[1].

2. Als tragende Säule ihres kirchenpolitischen Systems stellt die Reichsverfassung in den Vordergrund die Religionsfreiheit in Gestalt umfassender Glaubens-, Gewissens- und Kultusfreiheit (Art. 135, 136, 137 Abs. 2). Damit ist jedem Deutschen, und jedem Ausländer, der im deutschen Reiche wohnt, der Reichs- und Landesstaatsgewalt gegenüber das subjektive öffentliche Recht zuerkannt, sein Innenleben auf irgendeinen religiösen Glauben oder auf den Unglauben einzustellen und diese Einstellung durch Wort oder Tat zu äußern. Der Staat hat sich jeden Religionszwanges zu enthalten, er darf auch nicht einer Religionsgesellschaft zur Durchführung solchen Zwanges die Staatsgewalt zur Verfügung stellen. Daher ist es unzulässig, durch staatliches Gebot Handlungen zu erzwingen, die eine religiöse

[1] Nach dem Vorgang früherer Praxis und des bayerischen Konkordats hat der preußische Staat der katholischen Kirche ein Einwirkungsrecht bei der Zulassung und Anstellung der Hochschullehrer in den katholisch-theologischen Fakultäten eingeräumt: sie darf nur erfolgen, wenn der zu hörende zuständige Bischoff gegen Lehre oder Lebenswandel des betreffenden Hochschullehrers keine begründeten Einwendungen macht. (Preußisches Konkordat von 1929, Art. 12, Schlußprotokoll zu Art. 12.)

Überzeugung ausdrücken, oder über den Ungehorsamen Rechtsnachteile zu verhängen. Solche Nachteile darf der Staat aber überhaupt nicht an einen religiös bestimmten Tatbestand schließen, sondern er hat in seinem Rechte die Rechtsstellung jedes Staatsbewohners, die Betätigung bürgerlicher und staatsbürgerlicher Rechte ohne Rücksicht auf Religion und Kirchenangehörigkeit zu regeln.

Dazu tritt die Kultusfreiheit als Recht auf ungestörte Übung des Kultus der Religionsgesellschaften, im besonderen als Recht des Einzelnen auf die Freiheit gottesdienstlicher Handlungen zu religiöser Erbauung und Gottesverehrung (Art. 135). Dem entspricht folgerichtig das weitere Recht, Religionsgesellschaften zu bilden, ohne daß schwerere Bedingungen als für die Vereinsbildung überhaupt erfüllt werden müssen (Art. 137 Abs. 2, 124).

Diese ganze, in der Reichsverfassung verankerte Religionsfreiheit bedeutet nun aber nicht eine absolute Freiheit, sondern wie bei anderen Freiheiten finden sich auch hier wichtige Beschränkungen. Nicht das Sonderrecht in Religionssachen ist das Höchste im Staat, sondern die Staatsverfassung und die allgemeinen Staatsgesetze. Daher muß sich die Betätigung der Religionsfreiheit im Rahmen dieser höchsten Willensäußerungen des Staates halten. Sie darf nicht in deliktischer Form erfolgen und ist kein Befreiungsgrund gegenüber der allgemeinen Strafgewalt des Staates; ebensowenig befreit sie von der Erfüllung rechtlicher, insbesondere bürgerlicher Pflichten (Zeugen- und Geschworenenpflicht, Schulpflicht, Amtspflicht u. a.) und sie muß in ihrer Wirkung nach außen in den Grenzen des polizeilich Erlaubten bleiben, so daß die öffentliche Ruhe, Ordnung und Sicherheit weder gestört noch unmittelbar gefährdet wird (Art. 135 Satz 3).

3. Im Rahmen des Reichsrechts wird das Verhältnis von Staat und Kirche im einzelnen durch die Gesetzgebung der Länder bestimmt. Das Landesrecht enthält insbesondere die Ausprägung des vom Reichsrecht nicht bestimmten Begriffs der öffentlich-rechtlichen Körperschaft. Dieser umstrittene Begriff erhält für die Kirchen durch eine Vergleichung des Staatskirchenrechts der Länder seine grundsätzliche Klarstellung. Er bedeutet eine vom Staat mit öffentlicher Gewalt, öffentlichen Rechten und Pflichten begabte juristische Person, die unter der besonderen Sicherung, Unterstützung und Aufsicht des Staates steht. Welchen Inhalt die Länder diesen Wesensmerkmalen geben, ist Sache der ihnen verbliebenen Kirchenpolitik. Im wesentlichen handelt es sich um folgendes:

Die öffentliche Gewalt und die öffentlichen Rechte zeigen sich in der Finanzgewalt mit dem Recht auf Erhebung öffentlicher Abgaben, insbesondere auf Bezug von Kirchensteuern, in der Zuchtgewalt gegenüber den Kirchengenossen, in der Disziplinargewalt gegenüber den Kirchenbeamten, in der Befugnis, innerkirchliche Angelegenheiten durch Schaffung eigenen Rechtes (Selbstgesetzgebung, „Autonomie") und durch Betätigung obrigkeitlicher Verwaltung und Rechtsprechung (ohne bürg. Wirkung, GVG § 15, 3) zu bestimmen, in der rechtlichen Anerkennung der Kirchenämter als öffentlicher Ämter und in der grundsätzlich freien Ämterbesetzung.

Die öffentlichen Pflichten der Kirchen treten zutage in dem Verhältnis der Unterordnung unter das staatliche Recht, in der Gehorsamspflicht gegenüber den zur Sicherung, Unterstützung und Beaufsichtigung der Kirchen getroffenen Maßnahmen des Staates. Diese „Kirchenhoheit" des Staates und damit die Gehorsamspflicht der Kirchen betrifft aber nicht rein innerkirchliche Angelegenheiten, sondern die äußere Gestaltung der Kirche und ihres Lebens und dessen Wirkung in die Öffentlichkeit.

Die Sicherung der Kirchen schafft der Staat durch einen besonderen strafrechtlichen und durch den allgemeinen polizeilichen Schutz zur Wahrung der öffentlichen Ruhe, Ordnung, Sicherheit und Sittlichkeit. Auch finanziell sind die Kirchen sichergestellt durch die verfassungsrechtliche Garantierung des Kirchenguts.

Die Unterstützung der Kirchen gewährt der Staat unmittelbar und mittelbar in mannigfacher Weise. So in der Einräumung finanzieller Vorteile durch die staatlichen Zuschüsse und die an ihrer Stelle vorgesehene Abfindung, in der Ermäßigung oder Erlassung öffentlicher Abgaben zugunsten der Kirchen selbst oder zugunsten von Verbänden und Anstalten in ihr oder von Kirchenbeamten, in der Bevorzugung kirchlicher Rechte und Sachen bei Zwangsvollstreckung und Konkurs, in der Einsetzung der Staatsgewalt zur Erzwingung gewisser, das äußere Verhalten der Kirchengenossen und die äußere Ordnung des Kirchenwesens betreffenden Kirchenakte, in der Anerkennung des Religionsunterrichtes als eines „ordentlichen Lehrfaches“, in der Zulassung von Bekenntnisschulen, in der Festhaltung der theologischen Fakultäten an den Hochschulen, in der Rücksichtnahme auf die Religion und die Religionsgesellschaften beim Heer und bei öffentlich-rechtlichen Anstalten.

Schließlich erkennen wir als wichtiges Gegenstück dieser Bevorzugungen die besonders ausgeprägte und der gewöhnlichen Vereinsaufsicht gegenüber gesteigerte Aufsicht des Staates über die Kirchen. Diese schon bisher durch Staatskirchenrecht geregelte, durch Straf-, Zivil- und Verwaltungsgerichte und durch die Staatsverwaltung betätigte Aufsicht besteht auch unter der neuen Reichsverfassung weiter. Die grundlegende Verschiedenheit zwischen privaten und öffentlichen Körperschaften legt dem Gesetzgeber schon wegen der zu wahrenden materiellen Rechtsgleichheit eine verschieden starke Beaufsichtigung dieser Körperschaften nahe, und dazu bestimmt die Reichsverfassung selbst, die Selbstgesetzgebung und Selbstverwaltung bestehe nur innerhalb der von den Gesetzen gesteckten Schranken. Dementsprechend ist die Staatsaufsicht darauf gerichtet, daß die Kirchen ihre ganze Tätigkeit nur innerhalb ihres durch die Staatsgesetze umschriebenen Wirkungskreises und ohne Verletzung staatlichen Rechtes entfalten, daß sie ihre öffentlichrechtlichen Pflichten erfüllen und insbesondere die Vermögensverwaltung sach- und ordnungsgemäß führen. Die Mittel und Formen dieser Aufsicht sind verschieden in den einzelnen Ländern und verschieden nach dem fraglichen Sachgebiet und je nachdem, ob die Aufsichtsübung durch Akte der Gesetzgebung, Rechtsprechung oder Verwaltung erfolgt. Dabei steht hauptsächlich in Frage, daß dem Staat gegenüber kirchlichen Maßnahmen ein mehr oder weniger ausgedehntes Mitwirkungs-, Bestätigungs-, Genehmigungs- und Einspruchsrecht vorbehalten ist, daß der Staat auf Rechts- und Pflichtverletzungen seitens kirchlicher Organe mit der Einbehaltung von Staatsleistungen und mit den im Verwaltungsrecht ausgebildeten Aufsichts- und Zwangsmitteln antworten kann, und daß bei Rechtsstreitigkeiten vor den staatlichen Gerichten der Richter in seiner Entscheidung kirchliche Vorschriften und Akte nur insoweit als rechtsbeständig berücksichtigen darf, als sie sich im Rahmen des staatlichen Rechtes halten[1].

---

[1] Vgl. dazu etwa das preußische Staatsgesetz vom 8. April 1924 Art. 5ff. Danach bedürfen der staatlichen Genehmigung: die Neubildung und Veränderung von Kirchengemeinden und kirchlichen Verbänden, sowie die dabei zur Vermögensauseinandersetzung ergehenden Beschlüsse der kirchlichen Behörden; Beschlüsse kirchlicher Organe über Veräußerung von Gegenständen, die einen geschichtlichen, wissenschaftlichen oder Kunstwert haben, über Anleihen, die nicht bloß zur vorübergehenden Aushilfe dienen, über Anlegung oder Veränderung der Benutzung von Begräbnisplätzen einschließlich der Gebührenordnung für ihre Benutzung, über Sammlungen, wenn sie nicht im Zusammenhang mit einer kirchlichen Veranstaltung vorgenommen werden, über Verwendung des kirchlichen Vermögens zu anderen als den bestimmungsmäßigen Zwecken, über Höhe und Verteilungsmaßstab der kirchlichen Umlagen. Zur Durchführung der Aufsicht über die Vermögensverwaltung ist die Staatsbehörde gemäß Art. 10 des Gesetzes berechtigt, in die kirchliche Vermögensverwaltung Einsicht zu nehmen und Gesetzwidrigkeiten zu beanstanden; nach Benehmen mit der obersten kirchlichen Behörde die Einberufung der Gemeindekörperschaften zu verlangen und die Rechte der Organe der Kirchengemeinden und der kirchlichen Verbände auf vermögensrechtlichem Gebiete durch Bevollmächtigte auszuüben, wenn jene Organe nicht vorhanden sind und solange die zuständige kirchliche Stelle von der Befugnis, Bevollmächtigte zu bestellen, keinen Gebrauch macht.

4. Diese Wahrung der Grenzen zwischen Staat und Kirche ist von besonderer Bedeutung im Bereiche der „gemischten Angelegenheiten", die in den beiderseitigen Interessenkreis fallen: Bestattung, Ehe und Schule.

Ob eine Religionsgesellschaft bei einer Bestattung die ihrem Kult entsprechende religiöse Feier gewähren will, ist Sache ihres Rechtes und Ermessens und berührt als innere Angelegenheit der Gesellschaft den Staat nicht. Dagegen haben sich die Religionsgesellschaften bei der Bestattung an die Vorschriften zu halten, die der Staat aus sanitätspolizeilichen, hygienischen und strafrechtlichen Gründen erläßt. Überdies betrachtet es der Staat als seine Pflicht, dafür zu sorgen, daß jeder Verstorbene in seiner Wohngemeinde eine schickliche, „ehrliche" Bestattung erhält. Das gilt auch dann, wenn in einer Gemeinde nur ein im Eigentum einer Religionsgesellschaft stehender konfessioneller Friedhof vorhanden ist. In diesem Falle muß die Religionsgesellschaft auf ihrem Friedhofe die Bestattung auch derjenigen Gemeindeeinwohner zulassen, die ihr nicht angehört haben, und sie muß dulden, daß dabei religiöse Feiern nach dem Kult anderer Religionsgesellschaften erfolgen.

Für die Ehe hat das BGB. (§§ 1297—1588) nach dem Vorgang des Reichspersonenstandsgesetzes von 1875 ein konfessionsloses staatliches Eherecht auf der Grundlage der obligatorischen Zivilehe geschaffen. Damit ist das Eherecht der Religionsgesellschaften der bürgerlichen Wirkung entkleidet und zur inneren Angelegenheit der Gesellschaften und ihrer Angehörigen geworden, in die der Staat nicht eingreift (BGB. § 1588). Immerhin ist es für den Staat im Interesse rechtlicher Klarheit und Sicherheit von Belang, daß kirchliche Trauungen, die von den Gläubigen als rechtsgültige Eheschließungen mit bürgerlicher Wirkung betrachtet werden könnten, nur vorgenommen werden, wenn die Zivilehe in der Gestalt der Eheschließung vor dem staatlichen Standesbeamten erfolgt ist. Der Geistliche darf daher nur kirchlich trauen auf Grund des durch standesamtliche Urkunde erbrachten Nachweises der geschlossenen Zivilehe.

In der Einrichtung und Verwaltung des Schulwesens sieht der moderne Staat eine seiner wichtigsten Aufgaben. Dementsprechend bestimmt auch die Reichsverfassung, es sei für die Bildung der Jugend zu sorgen durch öffentliche Anstalten, bei deren Einrichtung Reich, Länder und Gemeinden zusammenwirken (Art. 143). An Stelle solcher öffentlicher Schulen können mit staatlicher Genehmigung Privatschulen treten. Sie haben sogar ein Recht auf Genehmigung, wenn sie in ihren Lehrzielen und Einrichtungen und in der wissenschaftlichen Ausbildung ihrer Lehrkräfte nicht hinter den öffentlichen Schulen zurückstehen und wenn eine Sonderung der Schüler nach den Besitzverhältnissen der Eltern nicht gefördert wird (Art. 147). Damit ist den Religionsgesellschaften, insbesondere der katholischen Kirche, der Weg zur Errichtung eigener Schulen geöffnet. Von größerer praktischer Bedeutung ist für alle Religionsgesellschaften die Frage, welche Stellung Religion und Religionsunterricht in den Schulen einnehmen. Die Reichsverfassung erklärt den Religionsunterricht als „ordentliches" Lehrfach der Schulen. Dabei sind — abgesehen von Spezial- und Fachschulen — die Volks- und Mittelschulen als Simultanschulen gedacht. In ihnen wird von Staats wegen und unter staatlicher Aufsicht konfessionell getrennter Religionsunterricht erteilt, den der Staat seinen Lehrern oder den Religionsgesellschaften übertragen kann. Der Religionsfreiheit gemäß kann jedoch der einzelne Lehrer zur Übernahme des Unterrichts nicht gezwungen werden, und ebenso ist die Teilnahme der Schüler am Religionsunterricht in das Ermessen der Erziehungsberechtigten, nach Vollendung des 14. Lebensjahres in das der Schüler gestellt (Art. 19 Abs. 2). Dementsprechend spielt auch bei den öffentlichen Schulen für die Anstellung eines Lehrers und für die Aufnahme der Kinder das Religionsbekenntnis keine Rolle (Art. 146). Im Unterschied von dieser Simultanverfassung der Schulen läßt aber die Reichsverfassung auch konfessionelle und religionslose öffentliche Volksschulen zu, indem sie bestimmt, daß innerhalb der Gemeinden auf Antrag von Erziehungsberechtigten Volksschulen ihres Bekenntnisses oder ihrer Weltanschauung einzurichten sind, soweit hierdurch ein geordneter Schulbetrieb nicht beeinträchtigt wird (Art. 146)[1]. — So ist für die deutschen Volks- und Mittelschulen unter voller Wahrung der Religionsfreiheit die Religion als hohes Kultur- und Lebensgut des Volkes betont, und darüber hinaus hat die Reichsverfassung die Teilnahme des Staates an der Pflege der Religionswissenschaft und der Vorbildung der Geistlichen besonders festgestellt mit der Vorschrift: „Die theologischen Fakultäten an den Hochschulen bleiben erhalten" (Art. 149 Abs. 3).

III. Wie stellen sich die Kirchen zu dem geschilderten System der Staatskirchenhoheit?

Angesichts der durch das System den Kirchen eingeräumten Stellung öffentlichrechtlicher Körperschaften und der Gewährleistung der Religionsfreiheit, Parität und Selbständigkeit des innerkirchlichen Lebens erhebt die evangelische Kirche keine grundsätzlichen Einwände. Um so weniger, als sie den Staat, seine Kirchenhoheit und seinen Aufgabenkreis anerkennt und als sie ihre eigenen Aufgaben in den ihr zuerkannten Grenzen erfüllen kann. Und soweit im Rahmen des Systems eine nähere Regelung als geboten erscheint, kann sie durch Vertrag zwischen Staat und Kirche getroffen werden. Im einzelnen sind Reibungen zwischen Staat und Kirche möglich, besonders wenn etwa der Staat das System nicht einwandfrei durchführt und die Kirche gegen rechtswidrige Übergriffe oder Unterlassungen Stellung nehmen muß, oder wenn sie sich berufen fühlt, gegen eine religionslose Einstellung des Staates die Anerkennung und Betonung der Religion in staatlichen Anstalten, insbesondere in der Schule, zu verfechten. — Demgegenüber wurde im letzten Jahrhundert unter evangelischen Gesichtspunkten das Programm des christlichen Staates vertreten. Es forderte das Christentum als die Grundlage des staatlichen Lebens und wollte nur die Christen als Vollbürger des Staates anerkennen. Aber der christliche Staat in diesem Sinne hat sich als undurchführbares Ideal erwiesen, insbesondere deshalb, weil das als Staatsgrundlage erforderliche interkonfessionelle Christentum gegenüber der in Dogmen und göttlichem Recht gesicherten Konfessionsspaltung nur vom Staat obrigkeitlich festgesetzt und kraft Staatsgewalt verwirklicht werden könnte. So ergäbe sich eine Rückentwicklung zu den überwundenen Erscheinungen der Glaubensgesetzgebung und des Glaubenszwangs des Staates. Demgegenüber würde das geltende System und das der Trennung von Staat und Kirche den Vorzug verdienen. Die evangelische Kirche als solche erstrebt weder die Trennung vom Staat noch das Staatschristentum. Sie anerkennt das geltende System und hat keinen Anlaß, ein eigenes kirchenpolitisches System aufzustellen.

Ganz anders ist die Einstellung der katholischen Kirche. Sie hat seit dem Mittelalter ein klares kirchenpolitisches System: die aus dem inneren Vorrang der Kirche gefolgerte Überordnung der Kirche über den Staat. Das alte Kirchenstaatstum läßt sich zwar dem modernen Staate gegenüber nicht verwirklichen, aber die katholische Kirche hält im Grundsatz an ihm fest. Sie lehnt die Überordnung des Staates grundsätzlich ab und damit insbesondere das vom Staat beanspruchte Recht, die Rechtsstellung der Kirchen und die Grenzen zwischen staatlichem und kirchlichem Wirkungskreise zu bestimmen. Die katholische Kirche betont demgegenüber die aus ihrem Wesen sich ergebende ursprüngliche Rechtsstellung und Selbständigkeit gegenüber der staatlichen Gewalt[2]. Im Einklang damit nimmt sie die Rechtssetzung, Rechtsprechung und Verwaltung in Sachgebieten für sich in Anspruch, die der Staat in seinen Bereich zieht (Schulwesen, Begräbnis, Ehe, Sachen- und Obligationenrecht, Finanzwesen u. a.). Daraus ergibt sich folgerichtig

[1] Die nähere Regelung des Schulrechtes soll durch ein Reichsschulgesetz erfolgen. — Über die religiöse Kindererziehung s. o. § 3.

[2] Vgl. etwa can. 100, 218 § 2, 265, 1081 § 1, 1206 § 1, 1322 § 2, 1352, 1375, 1381, 1495, 1496, 1529, 1553, 2214.

die Erscheinung, daß die katholische Kirche ihre Ansprüche verwirklicht, sobald der Staat ihr freien Raum gewährt. — Im übrigen gewinnt die Kirche den nötigen modus vivendi mit dem Staat, indem sie „salvis principiis“ und „ratione temporum habita“ ihre nicht durchführbaren Ansprüche zurückstellt. Diese Hemmung der Kirchengewalt durch den Staat hat zu den katholischen Lehren der „postestas indirecta“ und der „potestas coordinata“ geführt. Gemäß jener setzt die in ihrem theoretisch überlieferten Inhalt als ungeschmälert angenommene Kirchengewalt jenseits des innerkirchlichen Bereiches erst dann ein, wenn dies in Notwehr gegen den Staat geboten scheint. Der Unterschied gegenüber dem reinen oder direkten Kirchenstaatstum besteht somit nur darin, daß die Kirche den Tatbestand und Zeitpunkt für ihr Eingreifen in weltliche Bereiche von Fall zu Fall nach ihrem Ermessen bestimmt, während ihre Überordnung über den Staat stillschweigend als selbstverständlich vorausgesetzt wird. Dagegen erscheint die Lehre von der potestas coordinata auf diese Überordnung der Kirche zu verzichten. Diese „Koordinationstheorie“ läßt Staat und Kirche formell als Gleichberechtigte, in ihren Bereichen selbständige Gewalten nebeneinander bestehen, die ihrer Souveränität entsprechend gemeinsame Grenzgebiete auf Grund gegenseitiger Verständigung regeln (Konventionen, Konkordate). Kommt aber eine solche Übereinkunft nicht zustande, so betätigt die Kirche das lediglich zurückgestellte Recht zu souveränem Handeln und trifft die ihr als geboten erscheinende Regelung ohne Rücksicht auf einen entgegengesetzten Willen des Staates. So steht letzten Endes auch hinter der Koordinationstheorie die Überordnung der katholischen Kirche über den Staat und ihr Anspruch auf selbstherrliche Abgrenzung ihres Wirkungskreises. Deshalb kann der moderne Staat, der die Alleinsouveränität in seinem Gebiet in Anspruch nimmt, auch diese Theorie nicht als brauchbare Grundlage für sein Verhältnis zur Kirche betrachten. Dagegen ist dem Staat mit Rücksicht auf seine katholischen Bürger ein friedlich-schiedliches Zusammenleben mit der katholischen Kirche erwünscht, und er gibt ihr rechtlich und tatsächlich im Rahmen seines Systems der Staatskirchenhoheit weitgehende Freiheit für die Entfaltung ihres Rechts und ihrer Tätigkeit.

Zweiter Teil.

Die katholische Kirche.

Erster Abschnitt.

Die Verfassung der Kirche.

§ 5. Entstehung und Gliederung.

Das von der katholischen Kirche in Anspruch genommene göttliche Verfassungsrecht besteht nicht etwa von ihren ersten Zeiten an als ein fertiges Werk, die geschichtliche Betrachtung zeigt vielmehr eine mannigfaltige Verfassungsentwicklung, die erst in der neuesten Zeit (1870) und über grundlegende Gegensätze hinweg zu einem dogmatisierten Rechtsabschluß gelangt ist.

Dieses Ergebnis in Gestalt der Papst- und Bischofsverfassung läßt sich wissenschaftlich zurückführen bis auf erste Ansätze im 1. Jahrhundert n. Chr. Die rein tatsächlichen, von religiösem Geist getragenen Urchristengemeinden hatten in der ersten Zeit als natürliche Führer die Apostel und dann besonders ausgezeichnete Christen (Älteste, *πρεσβύτεροι, ἡγούμενοι*), die teils auf Grund ihres Ansehens, teils kraft Beauftragung durch die Apostel, später kraft Wahl an die Spitze ihrer Gemeinden traten. Unter ihnen wirkten als ihre Gehilfen im allgemeinen und besonders für Armen- und Krankenpflege die Diakonen (*διάκονοι*)[1]. Dabei war jeder Christ zu Predigt und Taufe befähigt, und die in der Versammlung vereinigten Christen der Ortsgemeinde faßten die maßgebenden Beschlüsse. Ihnen entsprechend führten die Ältesten die Geschäfte in der Gemeinde. Aus diesen Ältesten sonderten sich bald führende Männer aus, traten zunächst als Vorsteher an die Spitze der Ältesten, ließen aber bald die Ältesten wie die Gemeindeversammlung selbst hinter sich und setzten an Stelle der überkommenen aristokratisch-demokratischen Gestaltung eine monarchische Gemeindeverfassung: die bischöfliche Gemeindekirche, unter dem Bischof (*ἐπίσκοπυς*) als ihrem Vorsteher. Der Bischof wird zwar von der Gemeinde gewählt, ist auch noch bei wichtigen Akten an die Mitwirkung der Gemeindeversammlung und der Ältesten gebunden, aber im 3. Jahrhundert fällt auch dieses Mitwirkungsrecht. Entscheidend war dabei die Lehre, die Bischöfe seien die Nachfolger der Apostel und als solche die Träger der absoluten christlichen Wahrheit („apostolische Sukzession" der Bischöfe). Damit wurden sie folgerichtig zu Vermittlern des ewigen Heils und zu Herren ihrer Gemeinde und der Christen des umliegenden Landes, so daß bald die Kirche und schließlich Christus und Gott als durch sie dargestellt erscheinen („vicarii Christi", „vicarii Dei", „iudices vice Christi"). Sie werden die selbstherrlichen Träger einer Regierungs- und Lehrgewalt und damit die festen Stützen gegen die Gefährdung ihrer Kirchen durch religiöse und philosophische Kämpfe im Innern und durch die Auseinandersetzung mit der Welt. Im Einklang damit stiegen die Bischöfe mit ihren Gehilfen (Presbyter und

[1] Für das rein Religiöse waren daneben von wechselnder Bedeutung die Propheten und Lehrer.

Diakone) schon früh über die gewöhnlichen Gemeindegenossen ins Übernatürliche; bereits im 2. Jahrhundert vollzog sich die Scheidung zweier Stände in der Gemeinde: des mit übernatürlichen Fähigkeiten ausgestatteten Klerus (κλῆρος) und der religiös auf diesen angewiesenen Laien (λαός).

Noch bevor diese Umwandlung der Christengemeinden in bischöflich absolutistische Kirchen zum Abschluß kam, setzte eine noch weitertragende, zunächst tatsächliche, dann rechtliche Entwicklung ein: der Zusammenschluß der Bischofskirchen und der allmählich entstehende Vorrang des Bischofs von Rom. — Der durch persönliche und sachliche Beziehungen der Bischöfe vorbereitete, durch die Gemeinsamkeit der kirchlichen Interessen gegenüber inneren und äußeren Schwierigkeiten bedingte Zusammenschluß wird sinnfällig in den Kirchenversammlungen, die von Synoden für beschränkte Gebiete ausgehend, zu den die ganze Christenheit repräsentierenden Reichssynoden und ökumenischen Konzilien emporwuchsen[1]. Diese Kirchenversammlungen veranschaulichen neben der Zusammenfassung der Bischofskirchen schon früh auch eine hierarchische Gliederung. Entsprechend der römischen Provinzialverfassung kommt es durch die Zusammenfassung benachbarter Kirchen zur Bildung von Kirchenprovinzen. Im Anschluß daran wird die ursprüngliche Gleichstellung der Bischöfe durchbrochen zugunsten der Bischöfe der Provinzialhauptstädte, die als Metropoliten den anderen Bischöfen ihrer Provinz vorgehen. Darüber hinaus werden für den Osten im 4. und 5. Jahrhundert noch höherstehende Bischöfe, die „Patriarchen", und zwischen diesen und den Bischöfen die „Primate" zur Anerkennung gebracht. Im Westen erlangen nur die Bischöfe von Rom die Patriarchenwürde. Sie verhindern die Entstehung weiterer Patriarchate und wahren sich so die Freiheit des Weges zu dem erstrebten Primat über die Gesamtkirche. Dieses im 3. Jahrhundert nur vereinzelt erfolgreiche Streben setzt sich trotz Widerspruchs anderer Bischöfe im 4. und 5. Jahrhundert siegreich durch und wird auch vom römischen Staate anerkannt. Das Ergebnis ist: seit der Wende des 5. Jahrhunderts erscheint der Bischof von Rom endgültig als Oberhaupt der abendländischen Christenheit. Die anderen Bischöfe werden ihm gegenüber zweiten Ranges, wenn sie auch als „divina gratia" vorhanden gelten und in ihren Diözesen wie Monarchen herrschen.

In der Folgezeit dient das auf Bibel und Überlieferung gegründete Verfassungsrecht in erster Linie der rechtlichen Begründung, Festigung und Ausprägung des Primats und der Bischofsverfassung. Dazu tritt der Ausbau der Organisation nach unten, die Stärkung und Erweiterung des Klerus. Aus den Presbytern, als den am Bischofssitz lebenden bischöflichen Gehilfen, entstehen Priester (sacerdotes) als Vorsteher ländlicher Sonderkirchen außerhalb der Bischofsstadt, und unter den Diakonen werden die Ämter der Subdiakone, Akolythen, Exorzisten, Lektoren und Ostiarier geschaffen. Dem entspricht die allmähliche Schaffung eines besonderen Amts- und Standesrechts des Klerus im Anschluß an die bis ins 2. Jahrhundert reichenden Ansätze. Diesem Klerus gegenüber werden die Laien zu bloßen Objekten der Kirchentätigkeit, um so mehr, als sich nach dem Einzug des Klosterwesens in die Kirche seit dem 6. Jahrhundert auch noch die Ordensleute als religiös-kirchliche Führer über dem Kirchenvolk erhoben.

Diese unter maßgebendem Einfluß des römischen Rechts erfolgte Gestaltung der Kirchenverfassung erhielt — abgesehen von der Spitze — für mehrere Jahrhunderte ein verändertes Aussehen durch das mit den Germanen in die Kirche eindringende germanische Recht (8.—12. Jahrhundert). Die Führung und ausschlaggebende Bedeutung hatte das Frankenreich. Dabei wurden die auf Grundherrschaft, Privatrecht und Wirtschaft eingestellten germanischen Rechtsgedanken

---

[1] So zunächst besonders die Provinzialsynoden von Arles 314, Laodicea 340, Sardica 343; dann die ökumenischen Konzilien, unten § 10.

in das Recht der Kirche eingeführt und besonders in Gestalt der Eigenkirche, des Bannes und des Lehenswesens in grundlegender Weise ausgebaut. Gegen diesen Einbruch in das feste romanische Gefüge der Kirche und gegen die ihm folgende Verweltlichung und Zersplitterung des kirchlichen Organismus ging seit dem 11. Jahrhundert der große Kampf der Päpste. Die Entscheidung fiel mit der den päpstlichen Ansprüchen günstigen Erledigung des Investiturstreites (Wormser Konkordat 1122) gegen das germanische Recht. Dieses wurde in der Folgezeit völlig in den Hintergrund gedrängt und im wesentlichen beseitigt oder umgebogen. Der Sieg des Romanismus empfing seine Vorbereitung und Sicherung durch die seit dem 11. Jahrhundert einsetzende wissenschaftliche Bearbeitung des römisch-kanonischen Rechts, das der Weltmacht der mittelalterlichen Päpste wie der Papst- und Bischofsverfassung die romanistisch eingestellten Rechtsgrundlagen geschaffen hat.

Die Überspannung des in der Idee großartigen päpstlichen Primates schuf neben kirchenpolitischen Schwierigkeiten gegenüber dem nationalen Staatsgedanken auch schwere verfassungsrechtliche Kämpfe in der Kirche selbst. Insbesondere erhob sich angesichts der durch die gleichzeitige Wahl mehrerer Päpste bewirkten Spaltung („Schisma" 1378—1414) weitreichender Widerspruch von bischöflicher und nationalistischer Seite. Gegenüber dem „Papalsystem" mit seiner absoluten Herrschaft des Papstes vertritt das „Episkopalsystem" die These, das aus den Bischöfen bestehende allgemeine Konzil sei Träger der höchsten Kirchengewalt und stehe somit über dem Papst. Von diesem Geiste getragen waren die „Reformkonzilien" von Pisa (1409), Konstanz (1414—1418) und Basel — Ferrara — Florenz (1431ff.). Der Kampf der beiden Systeme endete schon 1512 mit dem sicheren Siege des Papsttums auf dem fünften Laterankonzil. Auch die Reformation vermochte das Papalsystem nicht zu brechen, vielmehr hat es sich auf dem für Recht und Dogmen der katholischen Kirche grundlegenden Konzil von Trient stillschweigend durchgesetzt, indem die Konzilschlüsse dem Papst zur Bestätigung unterbreitet und wichtige, vom Konzil nicht erledigte Gegenstände samt der authentischen Auslegung der Konzilschlüsse der päpstlichen Entscheidung anheimgestellt wurden. Im Einklang damit bestimmten die Päpste die weitere Rechtsentwicklung und regierten als unumschränkte Herren der Kirche. Daran konnten auch spätere episkopalistische Strömungen („Febronianismus") und Versuche („Emser Punktation" 1786) im Deutschland des 18. Jahrhunderts nichts ändern. Und die als Ergebnis der Revolutionszeit betätigte Säkularisierung des Kirchenguts im Anfang des 19. Jahrhunderts hat die so entwurzelten Bischöfe zwangsläufig zum Papalismus zurückgeführt. Dieser kann dann auch in den ohne Mitwirkung von Konzilien ergehenden Rechts- und Glaubenserlassen der Päpste zu allseitiger Darstellung, nur fehlte für die päpstliche Stellung noch die unbestreitbare Rechts- und Glaubensgrundlage: das Vatikanische Konzil hat sie geschaffen durch die dogmatisierten Rechtssätze der Unfehlbarkeit und Universalepiskopates des Papstes.

Aber trotz der überragenden Stellung des Papstes als Stellvertreters Christi und Nachfolgers des Apostels Petrus ist die der Bischöfe als Nachfolger der anderen Apostel und damit als ebenfalls von Gott gewollter Einrichtung gewahrt. Die Bischöfe haben zwar im Papst ihren Herrn, dessen Weisungen sie Gehorsam schulden, aber ihre Bischofsgewalt stammt nach der kirchlichen Lehre unmittelbar von Gott, nicht vom Papst. Papst und Bischöfe bestehen somit kraft göttlichen Rechtes und gehören zum Wesen der katholischen Kirche.

Die übrigen Kirchenorgane dagegen ruhen nur auf menschlich-kirchlichem Recht. So die nächsten Gehilfen des Papstes (römische Kurie, päpstliche Diplomatie), der Bischöfe (Diözesankurie, Domkapitel), die zwischen Papst und Bischöfe eingeschobenen Würdenträger (Patriarch, Primas, Erzbischof) und die dem Bischof unterstellten Organe (Dekan, Pfarrer und Gehilfen). Auch der dem Kirchenwesen dienstbare Nebenorganismus der geistlichen Gesellschaften, insbesondere der Orden und Kongregationen, erhebt sich trotz seines besonderen geistlichen Ansehens nur auf dem Boden menschlichen Rechtes. Ebenso die Konzilien und Synoden.

§ 6. Der Klerus.

Die Verfassung der katholischen Kirche erhebt sich von alters her auf einer ständischen Gliederung des Kirchenvolkes. Dieses wird in scharfer Abtrennung kraft göttlicher Einrichtung zerteilt in die zwei Stände der Kleriker und der Laien: „Ex divina institutione sunt in Ecclesia clerici a laicis distincti" (can. 107). Entsprechend dem Wesen der Kirche als einer geistlichen Heilsanstalt und im Einklang mit ihrer Geschichte stehen die beiden Stände im Verhältnis der Über- und Unterordnung zueinander: der herrschende Stand des Klerus und der zur Ehrerbietung verpflichtete dienende Stand der Laienschaft[1]. Der rechtliche Vorrang des Klerus folgt notwendig aus seiner religiösen Sonderstellung, gemäß der die Kleriker als die notwendigen Vermittler zwischen Gott und Menschen mit übernatürlichen Fähigkeiten ausgerüstet sind und vermöge ihrer Weihegewalt die Darbietung des ewigen Heils, besonders die Vergebung der Sünden in der Hand haben. Die Laien sind somit religiös auf den Klerus angewiesen, sie können nur durch ihn den sichere Zugang zu Gott und die ewige Seligkeit erringen. Im Einklang damit bestimmt das Recht, die Kirchengewalt ruhe unter grundsätzlicher Ausschließung der Laien beim Klerus, so daß nur Kleriker die Befugnisse der Kirche üben können: „Soli clerici possunt potestam sive ordinis sive iurisdictionis ecclesiasticae et beneficia ac pensiones ecclesiasticas obtinere" (can. 118)[2].

Angesichts dieser überragenden Stellung des Klerikerstandes gewinnt der Eintritt in ihn seine besondere Bedeutung. Er geschieht formal schon durch den Akt der Tonsur[3]. Der Tonsurierte ist Kleriker und damit Träger der Rechte und Pflichten des Klerus, soweit sie ihrer Art nach für ihn in Betracht kommen. Für die Teilnahme an der Kirchengewalt bedarf jedoch der Tonsurierte der Weihe (ordo). Sie ist — abgesehen von Besonderheiten der Bischofsweihe — vollkommen ausgeprägt in der Priesterweihe. Zu ihr hinauf führen Stufen, die jeder Priesterkandidat in bestimmten zeitlichen Abständen zu ersteigen hat. Es sind die geschichtlich begründeten Weihestufen (ordines) des Ostiarats, Lektorats, Exorzistats, Akolytats, Subdiakonats, Diakonats und Presbyterats (can. 949). Im Anschluß an sie ist eine mit Rechtswirkungen im einzelnen ausgestattete Zweiteilung der Kleriker getroffen, je nach der Weihestufe, auf der sie stehen: die vier unteren Stufen sind „ordines minores" und ihre Inhaber „Minoristen", die drei oberen Stufen heißen „ordines maiores" und ihre Inhaber „Majoristen". — Die Voraussetzungen für die Weihen (ordines) sind eingehend geregelt in dem Sinne, daß nur getaufte Männer gültig geweiht werden können, und daß die Weihen zwar gültig, aber unerlaubt sind,

---

[1] Can. 119: „Omnes fideles debent clericis, pro diversis eorum gradibus et muneribus reverentiam, seque sacrilegii delicto commaculant, si quando clericis realem iniuriam intulerint." Can. 948.

[2] Daran wird durch die neuerdings von Papst und Klerus geförderte „Katholische Aktion" nichts geändert. In ihr ist zwar die Rede von „Laienapostolat" und von „Beteiligung der Laien an der Hierarchie". Dabei handelt es sich aber um das Streben, die Laien als Einzelne und insbesondere als Laienvereine dafür zu gewinnen, daß sie mehr als bisher im privaten und öffentlichen Leben die Lehren und Anschauungen der Kirche nachdrücklich zur Geltung bringen, um so eine innere Erneuerung des Katholizismus und — darüber hinaus — des religiösen und sittlichen Lebens überhaupt zu erreichen.

[3] Can. 108 § 1. Schon durch die Tonsur wird der Kleriker einer bestimmten Diözese einverleibt, can. 111: „Quemlibet clericum oportet esse vel alicui dioecesi vel alicui religioni adscriptum, ita ut clerici vagi nullatenus admittantur. — Per receptionem primae tonsurae clericus adscribitur seu, ut aiunt, incardinatur dioecesi pro cuius servitio promotus fuit."

wenn der Weihekandidat nicht tauglich und würdig ist, und wenn gewisse Hindernisse (impedimenta simplicia, irregularitates ex defectu und ex delicto) vorliegen[1].

Die Aufnahme in den Klerikerstand bedeutet rechtlich die Unterstellung unter ein besonderes Standesrecht mit bestimmten Standesrechten und Standespflichten. Als Standesrechte (Privilegien) sind anerkannt: das Recht der Kleriker auf Erledigung ihrer Zivil- und Strafprozesse vor kirchlichen Gerichten, sofern nicht die staatliche Gerichtsbarkeit Platz greift, und das Recht darauf, nur mit kirchlicher Genehmigung vor weltliche Gerichte gezogen zu werden („privilegium fori", can. 120; in Deutschland durch Gewohnheitsrecht beseitigt); das Recht auf Freiheit von öffentlichen Lasten und Diensten, besonders vom Militärdienst („privilegium immunitatis", can. 121); das Recht auf erhöhten strafrechtlichen Schutz gegen Körperverletzung („privilegium canonis", can. 119); das Recht auf Wahrung standesgemäßer Lebensgrundlagen gegenüber der Pfändung („privilegium competentiae"), can. 122). — Standespflichten der Kleriker sind: Pflicht zu einer für die Laien vorbildlichen und ihnen gegenüber religiös überlegenen Lebensführung (can. 124), zu Gebet, Beichte, Gewissensprüfung und geistlichen Übungen (can. 125, 126), zu Ehrerbietung und Gehorsam gegenüber dem Papst und ihrem zuständigen Ordinarius, insbesondere dem Bischof (can. 127), zu Versehung des übertragenen Amtes und zu Anwesenheit (Residenzpflicht) am Amtssitz oder in der Diözese (can. 143, 144), zu geistig-religiöser Weiterbildung (can. 129—131), zu Unterlassung des verdächtigen Verkehrs oder Zusammenlebens mit Frauen (can. 133), des Ringtragens (can. 136), des Bürgens (can. 137), des Geldspiels, Waffentragens, der Treibjagd, des Wirtshausbesuchs (can. 138), der Teilnahme an unschicklichen Veranstaltungen, insbesondere Theatervorstellungen (can. 140), des Handels und Gewerbes (can. 142), der ärztlichen Praxis (can. 139), der Annahme eines Parlamentssitzes ohne kirchliche Genehmigung (can. 139), der Übernahme von Vermögensverwaltungen oder weltlichen Ämtern mit der Pflicht zur Rechnungslegung (can. 139) u. a. — Für die Träger der höheren Weihen (Majoristen) gelten außerdem noch die zwei Sonderpflichten der Ehelosigkeit (Zölibat, can. 132) und des Breviergebetes (can. 135).

Der mit diesen Rechten und Pflichten ausgestattete Klerikerstand ist grundsätzlich als lebenslänglich gedacht. Den Minoristen steht zwar der Austritt rechtlich frei, und die Kirche kann aus verwaltungsmäßigen oder strafrechtlichen Gründen ihre Ausschließung verfügen, so daß die Ausgetretenen und Ausgeschlossenen wieder

[1] Can. 968ff.: Für die Tauglichkeit wird verlangt (can. 974) erhaltene Firmung, sittlich einwandfreie Lebensführung, kanonisches Alter (für Subdiakon, Diakon, Presbyter, Bischof je das vollendete 21., 22., 24., 30. Lebensjahr), nötige Vorbildung, Zurücklegung der Weihestufen in der vorgeschriebenen Ordnung und Zeit und schließlich — bei den oberen Weihestufen — gesicherter Lebensunterhalt („titulus canonicus") aus einer Pfründe („titulus beneficii"), aus Vermögen oder Renten („titulus patrimonii aut pensionis"), aus Leistungen des Bischofs („titulus servitii dioecesis") oder der Propaganda („titulus missionis") oder eines Ordens („titulus paupertatis") oder einer Kongregation („titulus Mensae"). — Als Irregularitäten (auch impedimenta perpetua genannt) kommen in Betracht die irregularitates ex defectu: uneheliche Geburt, soweit nicht durch Legitimation oder feierliche Profeß getilgt (defectus natalium), Mängel an Körper, Geist oder Ehre (defectus corporis, animi, famae), wiederholte gültige Eheschließung (defectus sacramenti), Mangel der christlichen Milde (defectus lenitatis infolge Teilnahme an der Fällung oder Vollstreckung eines Todesurteils) — und die irregularitates ex delicto: Apostasie, Häresie, Schisma; Taufe durch Akatholiken (ausgenommen den Fall äußerster Not); Versuch einer kirchlichen Eheschließung oder Abschluß einer Zivilehe trotz bestehender Ehe oder höherer Weihe oder Ordensprofeß; Mord, Abtreibung, Körperverletzung, Selbstverstümmelung, Selbstmordversuch, ärztliche Betätigung mit tödlichem Erfolg; unzulässige Vornahme von Weihehandlungen. — Durch „impedimenta simplicia" sind gehindert Söhne von Akatholiken (solange die Eltern an ihrem Irrtum festhalten), Verheiratete, Sklaven, Militärpflichtige, Inhaber einer Beamtung mit der Pflicht zur Rechenschaftslegung, Neugetaufte, schlecht Beleumundete, Exkommunizierte, Interdizierte und Suspendierte. — Die rechtliche Unterscheidung zwischen irregularitates und impedimenta simplicia besteht darin, daß die irregularitates nur durch Dispensation beseitigt werden können, während die impedimenta simplicia mit der Beseitigung der beanstandeten Tatsache ohne weiteres dahinfallen.

durchaus Laien werden[1]. Dagegen bewährt sich bei den Majoristen und besonders bei den Priestern der „character indelebilis" der Weihe. Sie können nicht austreten, wohl aber von der Kirche durch Verwaltungsakt, Gerichtsurteil und besonders durch die Strafe der „degradatio" in den Laienstand zurückversetzt werden („reductio ad statum laicalem", can. 211ff.). Dabei bleibt aber die Zölibatspflicht bestehen, und der ausgeschlossene Majorist behält unentziehbar seine Weihegewalt. Er soll zwar von ihr keinen Gebrauch machen; nimmt er aber trotzdem Weihehandlungen vor, so sind sie gültig[2].

§ 7. Papst, Kurie und Diplomatie.

I. Der Papst (Papa, Sanctissimus Pater) ist der absolute Herr der Gesamtkirche, erhaben über jede Gewalt in Kirche und Welt. Nur göttliches Recht und geoffenbartes Dogma sind Rechtsschranken für ihn, und auch ihnen gegenüber bewahrt er seine Macht durch das Recht der Bestimmung und authentischen Auslegung ihres Inhalts. So gleicht die katholische Kirche organisatorisch der absoluten Monarchie. Alle Kirchengewalt ruht in höchster Instanz beim Papst als rechtlich unverantwortlichem Alleinherrscher. Diese Weltmacht über Außen- und Innenleben der katholischen Christenheit ist als unabänderliche Einrichtung für alle Zeiten festgelegt: der Papst ist kraft göttlichen Willens der Stellvertreter Christi auf Erden in seiner Eigenschaft als Nachfolger des Apostels Petrus[3].

Dieser „Primat" des Papstes zerfällt rechtlich in den „primatus honoris" und „primatus iurisdictionis". Jener umfaßt die der päpstlichen Würde entsprechenden besonderen Ehrenrechte wie Titel, Insignien, Hofzeremonien, Vorrang vor allen Menschen u. a. Der rechtlich entscheidende primatus iurisdictionis bedeutet höchste Kirchengewalt nach allen Seiten der kirchlichen Tätigkeit. Der Papst ist somit nicht bloß der höchste Gesetzgeber der Kirche, sondern auch ihr höchster Richter und der oberste Leiter ihrer Verwaltung, und seine Gewalt erstreckt sich auf das äußere Leben der Kirche („disciplina et regimen ecclesiae") ebenso wie auf das Glaubens- und Sittengebiet („fides et mores"). In Sachen des Glaubens und der Sitten ist diese Gewalt — in Abschluß einer langen geschichtlichen Entwicklung — ins Übernatürliche erhoben worden durch das vom vatikanischen Konzil beschlossene Dogma der Unfehlbarkeit des Papstes. Sie ist in der Constitutio „Pastor aeternus" vom 18. Juli 1870 so festgelegt: „Itaque nos . . . sacro approbante concilio, docemus et divinitus revelatum dogma esse definimus: Romanum pontificem, cum ex cathedra loquitur, id est, cum omnium christianorum pastoris et doctoris munere fungens pro suprema sua apostolica auctoritate doctrinam de fide vel moribus ab

[1] Can. 211 § 2; 132 § 2; 141 § 2; 136 § 3.

[2] Can. 214, 211.

[3] Vgl. etwa Vatikanisches Konzil Sess. IV, Constitutio dogmatica de Ecclesia Christi: „Docemus itaque et declaramus, iuxta evangelii testimonia primatum iurisdictionis in universam Dei ecclesiam immediate et directe beato Petro apostolo promissum atque collatum a Christo domino fuisse. — Si quis igitur dixerit, beatum Petrum apostolum non esse a Christo domino constitutum apostolorum omnium principem et totius ecclesiae militantis visibile caput; vel eundem honoris tantum, non autem vere propriaeque iurisdictionis primatum ob eodem domino nostro Jesu Christo directe et immediate accepisse; anathema sit. — Nulli sane dubium, immo saeculis omnibus notum est, quod sanctus beatissimusque Petrus, apostolorum princeps et caput fideique columna et ecclesiae catholicae fundamentum, a domino nostro Jesu Christo, salvatore humani generis ac redemptore, claves regni accepit; qui ad hoc usque tempus et semper in suis successoribus, episcopis sanctae Romanae sedis ab ipso fundatae eiusque consecratae sanguine, vivit et praesidet et iudicium exercet. Unde quicunque in hac cathedra Petro succedit, is secundum Christi ipsius institutionem primatum Petri in universam ecclesiam obtinet. — Si quis ergo dixerit, non esse ex ipsius Christi domini institutione, seu iure divino, ut beatus Petrus in primatu super universam ecclesiam habeat perpetuos successores; aut Romanum pontificem non esse beati Petri in eodem primatu successorem; anathema sit." — Auch die Professio Catholicae Fidei lautet: „Romano Pontifici beati Petri Apostolorum principis successori ac Jesu Christi Vicario veram obedientiam spondeo ac iuro."

universa ecclesia tenendam definit, per assistentiam divinam, ipsi in beato Petro promissam, ea infallibilitate pollere, qua divinus redemptor ecclesiam suam in definienda doctrina de fide vel moribus instructam esse voluit; ideoque eius modi Romani pontificis definitiones ex sese, non autem ex consensu ecclesiae irreformabiles esse. — Si quis huic nostrae definitioni contradicere, quod Deus avertat, praesumpserit; anathema sit.“ — Für die Abgrenzung dieser unfehlbaren Lehrgewalt ist somit neben dem weiten, aber immerhin faßbaren Begriff des Glaubens entscheidend der die Grenzlinien verwischende uferlose Begriff der Sitten. Darunter kann schließlich nach dem Ermessen des Papstes jedes im kirchlichen Interessenkreis liegende Geschehen und Verhalten gebracht werden, vom privaten Leben der Gläubigen bis zur Politik gegenüber dem Staat. Zudem ist die Unfehlbarkeit mit rückwirkender Kraft ausgestattet, so daß sie allen entsprechenden Akten aller Nachfolger Petri zukommt. Immerhin erhebt sich eine wichtige Schranke. Voraussetzung für die Unfehlbarkeit ist, daß es sich um amtliche, für die ganze Kirche bestimmte Lehrerlasse handelt. Damit sind insbesondere die nichtamtlichen Äußerungen und die auf Einzelfälle gerichteten Entscheide der Päpste dem Bereich der Unfehlbarkeit entrückt.

Zu dieser Unfehlbarkeit hat das vatikanische Konzil dem Papste die unmittelbare und bischöfliche Gewalt in der ganzen Kirche zugesprochen („Universalepiskopat“). Damit wird nicht nur bestimmt, daß der Papst kraft seines Amtes die kirchliche Vollgewalt unmittelbar auch über die Zuständigkeit anderer Kirchenorgane hinweg betätigen kann, sondern es wird noch besonders betont sein Recht, überall in der Welt wie ein Bischof zu handeln und alle kirchlichen Funktionen selbst vorzunehmen unter Ausschaltung der eigentlich zuständigen Organe. Die ganze Organisation und Kompetenzverteilung der Kirche, insbesondere die Stellung der Bischöfe, ist somit keine feste Schranke für den Papst, sondern er hat das Recht, die Organe nach Belieben beiseite zu schieben und an ihrer Stelle zu handeln. Dementsprechend ist zudem der Papst — die Kirche und ihre Organisation verkörpernd — Träger aller hierarchisch wichtigen Amtsarten der Kirche: er ist Pfarrer der Peterskirche in Rom, Bischof von Rom, Erzbischof der aus den sechs um Rom liegenden Bistümern bestehenden römischen Kirchenprovinz, Primas von Italien und Patriarch des Abendlandes.

Diese unvergleichliche Stellung des Papstes wird vom Codex iuris canonici (can. 218) in klassischer Weise so umschrieben: „Romanus Pontifex, Beati Petri in primatu Successor, habet non solum primatum honoris, sed supremam et plenam potestatem iurisdictionis in universam Ecclesiam tum in rebus quae ad fidem et mores, tum in iis quae ad disciplinam et regimen Ecclesiae per totum orbem diffusae pertinent. — Haec potestas est vere episcopalis, ordinaria et immediata tum in omnes et singulas ecclesias, tum in omnes et singulos pastores et fideles, a quavis humana auctoritate independens.“

Diese überragende Stellung des Papstes ist nicht noch dadurch gesteigert, daß ihm auch ein primatus ordinis zuerkannt wäre. Seine Weihegewalt ist vielmehr die gleiche wie die der Bischöfe[1].

---

[1] Wohl aber erstreckt sich die päpstliche Weihegewalt über die ganze Welt, und dazu tritt noch eine inhaltliche Steigerung durch die päpstliche Befugnis zur Erteilung der Bischofsweihe (consecratio). — Für die Erlasse, in denen der Papst seine Macht betätigt, stehen verschiedene Formen zur Verfügung. Es sind — nach der Feierlichkeit der Form und der Wichtigkeit des Gegenstandes abgestuft — die Bulle (Bulla), das Breve (Breve) und das apostolische Schreiben (Littera apostolica). Eine besondere Art von Bullen stellen dar die Circumscriptionsbullen, auf denen — abgesehen von Bayern und Preußen — die Gestaltung der deutschen Bistümer ruht: es sind Bullen, deren Inhalt mit dem Staat vereinbart ist und die im wesentlichen die Umschreibung, Organisation und Finanzierung der Bistümer zum Gegenstande haben. Außerdem werden unterschieden die Enzykliken (Encyclicae sc. litterae, päpstliche Runderlasse an Bischöfe) und das Motuproprio (Erlaß aus eigenem Antrieb oder eigener Stellungnahme des Papstes).

Seine einstige Stellung als weltlicher Monarch des Kirchenstaates („Patrimonium S. Petri") hat der Papst mit dessen Einverleibung in das Königreich Italien (1870) verloren. Die dadurch notwendig gewordene Sicherung der Unabhängigkeit des Papstes gegenüber der italienischen Staatsgewalt konnte infolge des Protestes der Kirche[1] gegen den „Kirchenraub" nicht durch Vereinbarung und infolge Ablehnung der Staaten nicht durch internationales Recht geschaffen werden. Es blieb daher nur die einseitige Regelung durch den italienischen Staat. Sie ist erfolgt in dem italienischen Staatsgesetz vom 13. Mai 1871 („Garantiegesetz"). Dieses sollte dem Papste durch Einräumung einer souveränartigen Stellung und durch weitgehenden Verzicht auf die italienische Staatsgewalt gegenüber den Einrichtungen und Trägern der Kirchenregierung die nötige Betätigungsfreiheit in der Leitung der Kirche gewährleisten. Aber die Kirche hat das Gesetz stets als untauglichen Versuch zur Lösung der „römischen Frage" abgelehnt und verharrte bei ihrem Proteste. Er ist nunmehr gegenstandslos geworden durch die in den sog. Lateranverträgen vom 11. Februar 1929 getroffenen Verständigung zwischen der Kirche und dem italienischen Staat, gemäß der die Kirche ein den Vatikan und seine nähere Umgebung begreifendes Gebiet als räumliche Grundlage für den mit souveräner Staatsgewalt ausgestatteten neuen Kirchenstaat („Stato della Città del Vaticano"), eine finanzielle Abfindung sowie eine Reihe von Zugeständnissen staats- und völkerrechtlicher und kirchenpolitischer Art erhielt[2]. Der Papst ist somit wieder Staatsoberhaupt geworden und repräsentiert als solches die Città del Vaticano im völkerrechtlichen Verkehr.

Angesichts der Stellung und Gewalt des Papstes ist die Besetzung des päpstlichen Stuhles von größter Bedeutung. Ursprünglich sind die römischen Bischöfe wie die anderen Bischöfe durch Klerus und Volk gewählt worden. Bald mischten sich aber weltliche Große, römischer Adel, Könige und Kaiser ein. Das erstarkte Papsttum wußte sowohl sie wie das Volk auszuschalten und übertrug das Wahlrecht dem engen Kreis der Kardinäle. Doch erhielt sich bis in die neueste Zeit ein bis ins 16. Jahrhundert zurückreichendes Einwirkungsrecht, indem die katholischen Staaten Österreich, Frankreich und Spanien das Recht beanspruchten, bei der Papstwahl je einen Kandidaten als mißliebig zu erklären und dadurch von der Wählbarkeit auszuschließen. Dieses Vetorecht („ius exclusivae"), gegen das schon frühere Päpste sich verwahrten, hat Pius X. beseitigt durch das den Kardinälen auferlegte strenge Verbot, das Veto eines Staates zu beachten oder einzulegen oder auch nur als Wunsch vorzubringen (Constitutio „Commissum Nobis" vom 20. Januar 1904). — Der Codex iuris canonici hat auf eine Regelung der Papstwahl verzichtet und erklärt in can. 160 als maßgebend die Constitutio „Vacante sede apostolica" vom 25. Dezember 1904, gemäß der außerdem die Constitutio „Praedecessores Nostri" Leos XIII. vom 24. Mai 1882 in Geltung steht[3]. Darnach wird der Papst durch die Kardinäle im Konklave, will sagen in von der Außenwelt abgeschlossenem Raume nach besonderem Verfahren gewählt. Wählbar ist jeder Katholik, der Priester werden könnte. Tatsächlich sind seit 1389 nur Kardinäle und seit 1523

[1] Encyclica „Respicientes" vom 1. November 1870: „Declaramus, nostram mentem, propositum et voluntatem esse omnia huius sanctae sedis dominia eiusdemque iura integra, intacta, inviolata retinere adque ad successores nostros transmittere; quamcunque eorum usurpationem tam modo quam antea factam, iniustam, violentam, nullam, irritamque esse omniaque per duellium et invasorum acta sive quae hactenus gesta sunt, sive quae forsitan in posterum gerentur ad praedictam usurpationem quoquo modo confirmandam, a nobis etiam nunc pro tunc damnari, rescindi, cassari et abrogari. Declaramus praeterea et protestamur coram Deo et universo orbe catholico nos in eius modi captivitate versari, ut supremam nostram pastoralem auctoritatem tuto, expedite ac libere minime exercere possimus."

[2] Acta Ap. Sedis 21 (1929) S. 209ff. — Über die völkerrechtliche Stellung des Papstes s. das Völkerrecht.

[3] Neuerdings außerdem ein Motuproprio Pius' XI. vom 1. März 1922.

nur Italiener gewählt worden. Die Wahl selbst geschieht in zweimaliger täglicher geheimer Abstimmung („per scrutinium"), bis ein Kandidat mindestens zwei Drittel der abgegebenen gültigen Stimmen auf sich vereinigt. Die beiden anderen zulässigen Wahlverfahren, die Wahl „quasi per inspirationem" (einstimmige offene Abgabe aller Stimmen für den gleichen Kandidaten) oder „per compromissum" (einstimmige Übertragung der Wahl an einen Kardinalsausschuß), sind praktisch kaum von Bedeutung. — Die Annahme der Wahl steht im freien Ermessen des Gewählten. Mit der Annahmeerklärung erwirbt er unmittelbar kraft göttlichen Rechts die päpstliche Gewalt (can. 219). — Voraussetzung der Wahl ist die Erledigung des päpstlichen Stuhles. Dieser wird frei durch den Tod des Papstes. Rechtlich zulässig ist aber auch der Thronverzicht, der ohne weiteres mit der Verzichtserklärung wirkt (can. 221). Dagegen ist eine Absetzung des Papstes ausgeschlossen, denn „Prima Sedes a nemine iudicatur" (can. 1556).

II. Zur Ausübung seiner Gewalt bedarf der Papst in Rom einer Menge von Gehilfen, insbesondere solcher, die ihn bei der Regierung der Gesamtkirche unterstützen. Diese in der Zentralregierung der Kirche tätigen Beamten und Behörden werden unter dem Namen „Römische Kurie" („Curia Romana") zusammengefaßt. Die wichtigste Rolle in ihr spielen die Kardinäle (can. 230—241). Ihre Zahl ist rechtlich auf 70 festgesetzt (6 Kardinalbischöfe, 50 Kardinalpriester und 14 Kardinaldiakone). Diese mit mancherlei Vorrechten ausgestatteten Kirchenfürsten werden vom Papste frei ernannt[1] und sollen ihm bei der Leitung der Kirche als „praecipui consiliarii et adiutores" zur Seite stehen. Unter dem Vorsitze des Papstes bilden die Kardinäle als „Konsistorium" die glänzendste Erscheinung der Kurie[2]. Im Gegensatz zu einst haben aber diese Konsistorien nur mehr formale und zeremonielle Bedeutung. Nicht in ihnen, sondern im Konklave und in den Behörden der Kurie erweisen sich die Kardinäle als die maßgebenden Fürsten der Kirche.

Die Kurie selbst ist allmählich aus kleinen Anfängen zu einem mächtigen Behördenkörper geworden, entsprechend der fortschreitenden Zentralisation und der Steigerung der Kirchengeschäfte in Rom. Diese Entwicklung brachte es mit sich, daß der Aufbau der Kurie ohne einheitlichen Plan erfolgte, in unklarem Gemenge Altes und Neues umschloß und bedenkliche Mängel und Lücken zeigte. Die dadurch bedingten Mißstände hatten schon lange zu Forderungen und Versuchen einer Kurienreform geführt, aber erst Pius X. gelang es, sie 1908 mit seiner Constitutio „Sapienti consilio" zu verwirklichen. Diese Gestaltung der Kurie ist mit einigen Zusätzen und Änderungen im Codex iuris canonici als geltendes Recht erklärt (can. 242—264).

Die Kurie zerfällt in drei Arten von Behörden, in Kongregationen („Sacrae Congregationes"), Gerichte („Tribunalia") und Ämter („Officia"). Die Hauptmasse

[1] Can. 232 § 1: „Cardinales libere a Romano Pontifice ex toto terrarum orbe eliguntur, viri saltem in ordine presbyteratus constituti, doctrina, pietate ac rerum agendarum prudentia egregie praestantes." § 2: „A cardinalatus dignitate arcentur: 1. Illegitimi . . .; 2. Qui prolem etiam ex legitimo matrimonio susceptam, vel nepotem ex ea habent; 3. Qui primo aut secundo gradu consanguinitatis alicui Cardinali viventi coniuncti sunt." — Die Ernennung erfolgt bei den Kardinalpriestern und -diakonen unter Anweisung einer Titelkirche oder Diakonie in Rom (can. 231 § 2). Die Kardinalbischöfe sind die Bischöfe der um Rom gelegenen „suburbikarischen" Bistümer und haben in diesen ihre Titelkirchen. Bei Ausnahmefällen, in denen der Name des Ernannten erst später bekannt werden soll, kann die Ernennung ohne Namensangabe erfolgen („reservatio in pectore"); vom Zeitpunkt dieser Ernennung an gilt der später mit Namen Genannte rechtlich als Kardinal. — Im Unterschied von auswärtigen Kardinälen werden die in Rom wohnenden als „Kurienkardinäle" bezeichnet.

[2] Je nachdem, ob Papst und Kardinäle unter sich sind oder weitere kirchliche Würdenträger und auch Laien zugelassen werden, unterscheidet man geheime, halböffentliche und öffentliche Konsistorien. — Mit dem Konsistorium nicht zu verwechseln ist das Kardinalskollegium, will sagen die Gesamtheit der Kardinäle in ihrer rechtlichen Zusammenfassung zu einer mit Selbstverwaltung und eigenem Vermögen ausgestatteten juristischen Person unter dem Vorsitze des Kardinaldekans (can. 237).

der Geschäfte wird bewältigt durch die 11 Kongregationen (Congregatio S. Officii, Consistorialis, de disciplina Sacramentorum, Concilii, negotiis religiosorum sodalium praeposita, de Propaganda Fide, Sacrorum Rituum, Ceremonialis, pro negotiis ecclesiasticis extraordinariis, de Seminariis et Universitatibus, pro Ecclesia Orientali). An der Spitze jeder Kongregation steht ein Kardinalpräfekt, nur bei drei besonders wichtigen Kongregationen (S. Officii, Consistorialis, pro Ecclesia Orientali) waltet der Papst rechtlich, wenn auch nicht tatsächlich, als Präfekt. Die Mitglieder der Kongregationen sind Kardinäle und werden in ihrer jeweiligen Zahl durch den Papst bestimmt[1]. — Die Tätigkeit dieser Kongregationen erstreckt sich über die ganze Kirchenregierung; sie geht aus von der Wahrung und Normierung des Glaubensbestandes, führt über Sittenlehre, Bücher- und Studienwesen zum Kultus und von da über Bistumsverfassung und -verwaltung, Klerus- und Gläubigendisziplin, Ordenswesen, nach außen zur Mission und zur Politik gegenüber dem Staat. Dabei ist der Einfluß dieser Behörden noch dadurch erhöht, daß sie in ihrem Geschäftsbereiche nicht auf Verwaltung beschränkt, sondern vielfach auch zu rechtsetzender und richterlicher Tätigkeit zuständig sind. Immerhin sind ihnen seit Pius X. engere Schranken gezogen als früher durch die genauere Bestimmung ihrer Zuständigkeit, durch die notwendige Genehmigung des Papstes für wichtige Beschlüsse und durch die Erneuerung der von ihnen verdrängten Kurialgerichte.

Für die Ausübung der Gerichtsbarkeit bestehen in der Kurie drei Gerichte (can. 258, 259): die Sacra Romana Rota und die Signatura Apostolica für das forum externum und die Sacra Poenitentiaria für das forum internum. Obwohl die Signatura dem Range nach an höchster Stelle steht, tritt sie praktisch hinter Rota und Poenitentiarie in den Hintergrund. Eine „richterliche Unabhängigkeit“ ist nicht anerkannt. Der Papst hat vielmehr das formelle Recht, den Gerichten Entscheidungsanweisungen zu geben oder als höchster Richter selbst zu entscheiden.

Zu diesen Kongregationen und Gerichten treten schließlich fünf Ämter (Cancellaria Apostolica, Dataria Apostolica, Camera Apostolica, Secretaria Brevium ad Principes et Epistolarum Latinarum, Secretaria Status). Ihre früher große Bedeutung ging in der Hauptsache durch den Verlust des Kirchenstaates und durch Verschiebung zugunsten der Kongregationen verloren. Nun kann die Lösung der römischen Frage diesen Ämtern eine gewisse Neubelebung bringen. Dagegen spielt das jüngste Amt, das Staatssekretariat mit den Kardinalstaatssekretär an der Spitze, als Amt für Politik und Diplomatie eine hervorragende Rolle und ist im praktischen Betriebe neben der Glaubenskongregation (Congregatio S. Officii) die wichtigste Behörde.

Diesem großen Behördenapparate gegenüber erschien es als besonders wichtig, die Einheitlichkeit der Richtung und Zielpunkte des Wirkens zu sichern. Daher ward der Kurie gegenüber die absolute Stellung des Papstes und damit die Unterordnung der Kurialbehörden unter den päpstlichen Willen noch besonders betont. Um jederzeit ein Eingreifen des Papstes zu ermöglichen, sind alle Kurialbehörden, Gerichte so gut wie Kongregationen und Ämter, rechtlich verpflichtet, jede von ihnen geplante wichtige und außerordentliche Maßnahme vor der Ausführung dem Papste anzuzeigen (can. 244 § 1), und zudem bedürfen die Entscheide der Kurialbehörden zu ihrer Gültigkeit der päpstlichen Genehmigung, ausgenommen Entscheidungen der Rota und Signatura, und ausgenommen den Fall, daß der Papst durch besondere Ermächtigung von dem Genehmigungszwang befreit hat (can. 244 § 2). So ist in Rom die Absolutheit des päpstlichen Willens und damit die geschlossene Einstellung der kurialen Tätigkeit rechtlich gesichert.

III. Das päpstliche Gesandtschaftswesen (can. 265—270) hatte bis zum Jahre 1870 und hat nun wieder seit 1929 im Kirchenstaat und in der durch ihn ver-

[1] Dazu tritt je nach dem Geschäftsbereich der Kongregationen eine mehr oder weniger große Zahl von Prälaten, Konsultoren (Fachgelehrten) und Unterbeamten.

mittelten weltlichen Herrscherstellung des Papstes die formale staats- und völkerrechtliche Grundlage. Im wesentlichen handelt es sich aber nicht um die Vertretung staatlicher, sondern kirchlicher Interessen, und dabei stützt sich das päpstliche Gesandtschaftsrecht auf die tatsächliche Anerkennung seitens derjenigen Staaten, die den diplomatischen Verkehr mit dem Papst ihrer katholischen Staatsbürger wegen als geboten erachten. Die katholische Kirche selbst betrachtet es als selbstverständliches Recht des Papstes, überallhin und unabhängig von weltlicher Gewalt Gesandte zu schicken[1]. Diese „legati“ gliedern sich — abgesehen von den in besonderen Fällen als alter ego des Papstes entsandten Kardinälen (legati a latere) — in zwei Klassen, in Nuntii (Gesandte erster Klasse) und Internuntii (Gesandte zweiter Klasse). Ihre Aufgabe ist vorweg, dem allgemeinen Gesandtschaftscharakter entsprechend, die Pflege der Beziehungen zwischen dem Hl. Stuhl und dem Empfangsstaat. Darüber hinaus aber haben sie in dem ihnen zugewiesenen Bereiche das Kirchenwesen (Ecclesiarum status) zu überwachen und dem Papst darüber Bericht zu erstatten. Außer diesen beiden ordentlichen Aufgaben sind den Legaten meist noch weitere übertragen auf Grund besonderer päpstlicher Vollmachten (facultates delegatae). Eigenartig ist das Zusammenwirken der Legaten mit der Congregatio de Propaganda Fide, im Benehmen mit der sie für die Mission in ihrem Empfangsstaate wirken. — Aus der geistlichen Tätigkeit der Legaten, die häufig wichtiger ist als ihre diplomatische, ergibt sich die Notwendigkeit einer Grenzziehung gegenüber den Bischöfen in den Empfangsstaaten: Soweit diese Bischöfe nicht Kardinäle sind, stehen sie im Range hinter den Legaten; immerhin sollen die Legaten die Bischöfe in der freien Betätigung ihrer Kirchenregierung nicht hindern.

§ 8. Die Bischöfe und ihre Gehilfen.

I. Entsprechend der Bischofsverfassung der Kirche sind die Bischöfe (Episcopi, can. 329—349) unter dem Papst die beherrschenden Führer der katholischen Christenheit und stehen wie Monarchen an der Spitze ihrer Bistümer (Diözesen). Den Rechtstitel hierfür schöpfen sie aus göttlichem Recht als Nachfolger der Apostel und damit als sichtbare Vertreter einer göttlichen Stiftung. Auf diese wird auch die dem Bischofsamt eignende Gewalt zurückgeführt; sie ruht als iurisdictio ordinaria et immediata auf göttlichem Willen und ist nicht etwa vom Papste delegiert. Der Codex sagt darüber: „Episcopi sunt Apostolorum successores atque ex divina institutione peculiaribus ecclesiis praeficiuntur quas cum potestate ordinaria regunt sub auctoritate Romani Pontificis“ (can. 329 § 1)[2]. Die volle Abhängigkeit der Bischöfe vom Papst ist aber trotzdem gewahrt, denn die Erlangung des Amtes und die Ausübung der Amtsgewalt sind durch den päpstlichen Willen bedingt. So bestimmt der Codex in aller Kürze: „Eos (episcopos) libere nominat Romanus Pontifex“ (can. 329 § 2). Dieses freie Ernennungsrecht des Papstes zu den Bischofsstühlen ist freilich im geltenden Rechte vielfach beschränkt, aber die historisch und politisch erklärlichen Erscheinungen nichtpäpstlicher Ernennungs-, Vorschlags- und Wahlrechte zu Bischofsstühlen, insbesondere die Wahl- und Vorschlagsrechte der Domkapitel, sind kirchenrechtlich nur vom Papst gewährte und daher auch entziehbare „Privilegien“ (can. 329 § 3, 331)[3]. Und auch in diesen Fällen wird das maß-

[1] Can. 265: „Romano Pontifici ius est, a civili potestate independens, in quamlibet mundi partem Legatos cum vel sine ecclesiastica iurisdictione mittendi.“ In Deutschland besteht eine Nuntiatur in Berlin für das Deutsche Reich und in München für Bayern.

[2] Sie werden auch als „Residentialbischöfe“ bezeichnet im Unterschied von den bloßen Titularbischöfen (unten S. 37).

[3] In der Freiburger (Oberrheinischen) Kirchenprovinz besteht ein Wahlrecht des Domkapitels. Es hat die von ihm in Aussicht genommenen Kandidaten vor der Wahl der Staatsregierung mitzuteilen, und diese hat das Recht, die ihr aus irgend welchen Gründen nicht genehmen Kandidaten („personae minus gratae“) abzulehnen, so daß die Abgelehnten die Wählbarkeit für die betr. Wahl verlieren. Praktisch erledigt sich das Verfahren so, daß das

gebende Besetzungsverfahren teils von einem päpstlichen Delegaten, teils in Rom durchgeführt[1]. Der Papst entscheidet über die Tauglichkeit[2] und Einsetzung der Bischöfe, und vor der Einsetzung (institutio, provisio canonica) hat jeder Bischof das Glaubensbekenntnis abzulegen und dem Papste einen Treueid zu leisten. So erlangt der Bischof seine „potestas iurisdictionis". Und dazu muß schließlich noch treten die päpstliche Bischofsweihe („consecratio")[3], welche die bischöfliche „potestas ordinis" vermittelt. Diese Unterordnung der Bischöfe unter den Papst ist auch — abgesehen von der Überwachung durch Nuntien und apostolische Delegaten — noch dadurch gesichert, daß jeder Bischof dem Papst alle fünf Jahre umfassenden schriftlichen Bericht (Statusbericht) zu erstatten und grundsätzlich persönlich in Rom zu erscheinen hat[4].

War so die Abhängigkeit der Bischöfe von Papst und Kurie gewährleistet, so konnten ihnen ohne Gefahr für die Zentralisation und Disziplin weitgehende Rechte

---

Domkapitel der Regierung eine Kandidatenliste überreicht und daß die Regierung diese Liste nach Streichung der etwa nicht genehmen Kandidaten dem Domkapitel zurückgibt. Dieses Streichungsrecht ist aber insofern beschränkt, als die Regierung mindestens drei Namen auf der Liste des Domkapitels stehen lassen soll („irischer Wahlmodus"). Diese formalrechtliche Beschränkung ist aber in der Praxis kaum von Bedeutung, da gemäß dem Sinn der zugrunde liegenden kirchlichen Erlasse kein der Regierung nicht genehmer Kandidat Bischof werden soll, und da dementsprechend das Domkapitel verpflichtet ist, überhaupt nur solche Kandidaten auf die Liste zu schreiben, die es nach bestem Wissen als der Regierung genehm betrachten darf (Bulle „Ad Dominici gregis custodiam" und Breve „Re sacra" von 1827; Schreiben des Kardinalstaatssekretärs Rampolla „Ad notitiam Sanctae Sedis" von 1900 zu Handen der deutschen Domkapitel). — In Bayern, wo bis 1913 der Landesherr das Ernennungsrecht zu den Bischofsstühlen hatte, ist im Einklang mit dem Codex das päpstliche Ernennungsrecht anerkannt durch das Konkordat vom 29. März 1924. Sein Art. 14 sagt: „In der Ernennung der Erzbischöfe und Bischöfe hat der Hl. Stuhl volle Freiheit. Bei Erledigung eines erzbischöflichen oder bischöflichen Sitzes wird das beteiligte Kapitel dem Hl. Stuhle unmittelbar eine Liste von Kandidaten unterbreiten, die für das bischöfliche Amt würdig und für die Leitung der erledigten Diözese geeignet sind; unter diesen wie auch unter den von den bayrischen Bischöfen und Kapiteln je in ihren entsprechenden Triennalisten Bezeichneten behält sich der Hl. Stuhl freie Auswahl vor." Eine beschränkte Rücksichtnahme auf die Staatsregierung sieht der erwähnte Artikel insofern vor, als er anschließend bestimmt: „Vor der Publikation der Bulle wird dieser (sc. der Hl. Stuhl) in offiziöser Weise mit der Bayerischen Regierung in Verbindung treten, um sich zu versichern, daß gegen den Kandidaten Erinnerungen politischer Natur nicht obwalten."

Nunmehr ist auch für die Berufung der Bischöfe und Erzbischöfe in Preußen durch das preußische Konkordat von 1929 neues Recht geschaffen: das zuständige Domkapitel und die preußischen Bischöfe reichen dem Papst je eine unverbindliche Kandidatenliste ein. Der Papst benennt „unter Würdigung dieser Listen" nach seinem Ermessen dem Domkapitel drei Kandidaten, aus denen dieses in geheimer Abstimmung den Bischof zu wählen hat. Nach der Wahl hat sich das Domkapitel durch Anfrage bei der Preußischen Staatsregierung zu versichern, daß Bedenken politischer Art gegen den Gewählten nicht bestehen. Macht die Regierung ein solches Bedenken geltend, so muß eine Neuwahl erfolgen. Und der Papst wird den vom Domkapitel Gewählten nur dann zum Bischof bestellen, wenn gegen ihn kein solches Bedenken der Regierung vorliegt.

In der Freiburger Kirchenprovinz hat die Kurie bei der nach der Revolution erfolgten Besetzung des Rottenburger Bischofsstuhles das päpstliche Ernennungsrecht zur Geltung gebracht.

[1] Der päpstliche Delegat nimmt im Lande der Wahl eine genaue Prüfung der Person des Gewählten und des Wahlaktes vor (Informativprozeß), in Rom erfolgt dann die Überprüfung (Definitivprozeß), die „praeconisatio" und die „confirmatio".

[2] Tauglich ist nur, wer ehelich geboren, wenigstens 30 Jahre alt, mindestens 5 Jahre als Priester geweiht, zum Doktor oder Lizentiaten der Theologie oder des kanonischen Rechtes promoviert „vel saltem carundem disciplinarum vere peritus" ist, und der sich auszeichnet „Bonis moribus, pietate, animarum zelo, prudentia, ceterisque dotibus praeditus, quae ipsum aptum efficiant ad gubernandam dioecesim de qua agitur" (can. 331).

[3] Can. 953, 954 (Vornahme der consecratio in der Regel durch einen vom Papst beauftragten und von zwei Bischöfen assistierten Bischof). Als formaler Schlußakt folgt schließlich die Übernahme des Amtes („Inthronisatio").

[4] Can. 340—342. — Als weitere Pflichten der Bischöfe sind insbesondere zu nennen die Residenzpflicht (can. 338), die Visitationspflicht (can. 343), die Pflicht zum Messelesen an Sonn- und Feiertagen (can. 339), die Sorge für die Wahrung der kirchlichen Gesetze und Disziplin (can. 336), die Predigtpflicht (can. 1327 § 2).

in ihren Bistümern eingeräumt werden[1]. Die Bischöfe sind unter dem Papst und im Rahmen des gemeinen Kirchenrechts die Träger der höchsten Gesetzgebung, Rechtsprechung und Verwaltung der Diözesen. Ihr Absolutismus erleidet durch Diözesenanorgane nur insofern eine sachliche Beschränkung, als für einzelne bischöfliche Verwaltungsakte die Mitwirkung des Domkapitels und Verwaltungsrates nötig ist. — Im geistlichen Bereiche zeichnen sich die Bischöfe noch dadurch besonders aus, daß ihnen außer den Fähigkeiten und Rechten der Priester und neben der obersten Lehrgewalt eine erhöhte Weihegewalt zusteht, indem bestimmte geistliche Verwaltungsakte (Ordination der Priester, Firmung, Konsekration heiliger Sachen, Benediktion von Äbten) nur von ihnen vermöge ihres besonderen „ordo episcopalis" vorgenommen werden können. — Diese hervorragende Stellung der Bischöfe kommt auch noch zum Ausdruck in besonderen Ehren- und Vorrechten[2].

Eine besondere Art von Bischöfen stellen dar die Erzbischöfe[3]. Die Bistümer und Bischöfe stehen in der Regel nicht unmittelbar unter Papst und Kurie, sondern meist sind mehrere Bistümer zu einer Kirchenprovinz unter einem Metropoliten (Erzbischof) zusammengefaßt. Dieser ist Bischof eines der vereinigten Bistümer und hat dazu als Mittelinstanz zwischen den Bischöfen seiner Provinz (Suffraganbischöfe) und dem Papst den anderen Bistümern der Provinz und ihren Bischöfen gegenüber eine Jurisdiktionsgewalt. Diese ist auf das Nötigste beschränkt und besteht hauptsächlich aus einer allgemeinen Aufsicht und aus der Gerichtsbarkeit zweiter Instanz gegenüber den bischöflichen Gerichten.

In Deutschland ist es der Kirche im 2. und 3. Jahrzehnt des vorigen Jahrhunderts glänzend gelungen, ihre in der Revolution zerstörte Organisation neu aufzubauen. Diese „Restauration" der katholischen Kirche erfolgte auf Grund umfangreicher diplomatischer Verhandlungen mit den deutschen Staaten. Das Ergebnis waren die Bulle „De salute animarum" (1821) für die neun alten Provinzen Preußens, die Bulle „Impensa Romanorum Pontificum" (1824) für Hannover, die Bullen „Provida sollersque" (1821) und „Ad dominici regis custodiam" (1827) für die „Oberrheinische Kirchenprovinz" (Württemberg, Baden, Kurhessen, Hessen-Nassau, Hohenzollern, Frankfurt) und das Konkordat mit Bayern (1817). Nach mehr als hundertjährigem Bestand ist diese Rechtsgrundlage für den Aufbau der katholischen Kirche erheblich geändert worden durch das bayerische Konkordat von 1924 und das preußische Konkordat von 1929. Nunmehr bestehen in Deutschland sechs Erzbistümer: Köln (mit den Bistümern Aachen, Limburg, Münster, Osnabrück, Trier), Breslau (mit den Bistümern Berlin, Ermland und der Prälatur Schneidemühl), Paderborn (mit den Bistümern Hildesheim, Fulda), München-Freising (mit den Bistümern Augsburg, Passau, Regensburg), Bamberg (mit den Bistümern Eichstätt, Speyer, Würzburg,) Freiburg i. Br. (mit den Bistümern Mainz, Rottenburg). Das Bistum Meißen ist keinem Bistum einverleibt und steht daher unmittelbar unter dem Papst („exemtes" Bistum). Das in dieser Organisation nicht begriffene Gebiet Deutschlands ist noch Missionsgebiet („terrae missionis").

---

[1] Can. 335: „Ius ipsis et officium est gubernandi dioecesim tum in spiritualibus tum in temporalibus cum potestate legislativa, iudiciaria, coactiva ad normam sacrorum canonum exercenda." — Überdies können den Bischöfen päpstliche Rechte zur Ausübung übertragen werden, so vielfach insbesondere die für 5 Jahre verliehenen Dispensationsvollmachten („Quinquennalfakultäten").

[2] Vortrittsrecht in ihrer Diözese (nur nicht gegenüber dem zuständigen Erzbischof, Kardinälen und Legaten), Titel (Bischöfliche Gnaden, reverendissimus), Kleidung, erhöhter strafrechtlicher Schutz, Gerichtsstand in Rom (Papst und Kurialgerichte).

[3] Can. 273ff. — Als besonderes äußeres Zeichen seiner Würde erhält der Erzbischof vom Papst das „Pallium", eine eigenartig hergestellte weißwollene Schulterbinde. Erst durch die Verleihung des Palliums bekommt der Erzbischof die Regierungs- und volle Weihegewalt.

II. Wie der Papst die römische Kurie, so hat der Bischof für die Geschäftserledigung seiner Diözesankurie (Curia dioecesana)[1]. Sie besteht aus einer Reihe von Justiz- und Verwaltungsbeamten: Generalvikar, Offizial (Vorsteher des Gerichts), Kanzler (Vorsteher der Kanzlei), promotor iustitiae (Vertreter der kirchlichen Rechtsordnung), defensor vinculi (Verteidiger der Gültigkeit der Ehe und der Ordination), Synodalrichter (Mitglieder des bischöflichen Gerichtes), Synodalexaminatoren (Prüfer der Pfarramtsbewerber u. a.), Pfarrkonsultoren (Berater bei Prozessen gegen Pfarrer und Kleriker), Auditoren (Untersuchungsrichter), Notare (Gerichtsschreiber), Kursoren (Zustellungsbeamte), Apparitoren (Vollstreckungsbeamte). Diese Beamten und die übrigen Mitglieder der Domkapitel sind in den Diözesen in verschiedener Weise und unter verschiedenen Namen zu Kollegialbehörden für die Justiz (Offizialat, Konsistorium) und Verwaltung (Ordinariat, Generalvikariat, Allgemeiner Geistlicher Rat, Diözesanverwaltungsrat) gruppiert. — Die weitreichendsten Befugnisse hat unter diesen Hilfsorganen der Generalvikar (can. 366 bis 371). Er ist zwar nicht notwendig vorhanden, soll aber bestellt werden, wenn die richtige Regierung der Diözese es verlangt. In seiner Hand läuft die Diözesanregierung zusammen, und als Beauftragter des Bischofs (und von diesem frei entlaßbar) besorgt er die Regierungsgeschäfte, soweit sie der Bischof nicht selbst zu erledigen hat oder sich zur Erledigung vorbehält.

Entsprechende Gehilfen treffen wir bei den Bischöfen für die Betätigung der Weihegewalt. Das Gegenstück zu dem Generalvikar mit seiner Verwaltung der potestas iurisdictionis ist der Weihbischof als Verwalter der potestas ordinis. Die Bischöfe haben vielfach zu ihrer Entlastung in der Betätigung der Weihegewalt Titular-(Weihe-)bischöfe (Episcopi titulares). Sie tragen insofern nur den Titel eines Bischofs, als sie keine Diözese regieren, sondern auf ein der Kirche früher zugehöriges, aber wieder verlorengegangenes Bistum geweiht sind. Trotz solchen tatsächlichen Verlusten hält die Kirche rechtlich alle irgendeinmal von ihr geschaffenen Bistümer fest und besetzt die Bischofstühle. Da diese Bischöfe ihre Diözesen nicht verwalten können, sind sie für andere kirchliche Dienste frei und werden hauptsächlich zu Weihbischöfen und Nuntien bestellt (can. 348). — Diese Weihbischöfe unterstützen wie die Generalvikare die in voller Wirksamkeit stehenden Bischöfe. Kann dagegen ein Bischof etwa infolge von Krankheit oder Alter seine Amtsgeschäfte nur in beschränktem Maße oder nicht mehr erledigen, so wird durch die dem Papst zustehende Bestellung eines Koadjutors oder Auxiliaren geholfen. Dieser vereinigt je nach der Bestellungsurkunde und der noch vorhandenen Amtsfähigkeit des Bischofs mehr oder weniger bischöfliche Rechte und Pflichten in seiner Hand (can. 350ff.). Besondere Bedeutung hat der „cum iure succedendi“ bestellte Koadjutor, der „sede vacante“ Bischof wird.

Wie der römischen Kurie die Diözesankurie entspricht, so bildet das Dom- oder Kathedralkapitel ein Gegenstück zum Kardinalskollegium. Gemäß dem geschichtlichen Emporwachsen der Bischöfe aus den Presbyterien, stand ihnen von alters her der Klerus der Bischofsstadt bei der Regierung der Diözese und bei dem Wirken in der Bischofskirche zur Seite. Diese „Kanoniker“ vereinten sich nach dem Vorbild der Klöster zu gemeinsamem Leben, das bestimmten Regeln unterstellt wurde. Auf dieser Grundlage entstanden besonders in Deutschland, Österreich und in der Schweiz die Domkapitel (can. 392). Sie bestehen heute nur mehr kraft Zulassung des Papstes (can. 392)[2] und im Rahmen der Vorschriften des Codex (can. 391 bis 422). Im einzelnen sind sie durch die Satzungen der Kapitel und Bischöfe wie durch Gewohnheitsrecht und staatliches Recht in verschiedenartiger Weise gestaltet. Ihre Tätigkeit zerfällt in zwei Wirkungskreise, in gottesdienstliche Handlungen

[1] Can. 363ff.

[2] Can. 392: „Capitulorum tum cathedralium tum collegialium institutio seu erectio, innovatio ac suppressio Sedi Apostolicae reservatur.“

(„Chordienst", Vertretung und Unterstützung des Bischofs u. a.) und in die Teilnahme an der Regierung der Diözese (can. 391)[1]. Das Ausmaß dieser Regierungsgeschäfte hängt, solange der Bischofsstuhl besetzt ist („sede plena"), im wesentlichen vom Ermessen des Bischofes ab; nur für bestimmte Entscheide muß er die Zustimmung des Kapitels haben oder wenigstens dessen Ansicht hören. Ist der Bischof an der Regierung verhindert („sede impedita"), so wird er durch einen von ihm oder vom Papst bestellten Delegierten oder durch seinen Generalvikar vertreten, und nur in Ermangelung eines solchen Vertreters wählt das Domkapitel einen Vikar für die Leitung der Diözese. Wird dagegen der Bischofsstuhl frei („sede vacante"), so steht die Diözesanregierung dem Domkapitel zu, und dieses hat für die Erledigung der Regierungsgeschäfte einen Kapitelsvikar zu bestimmen, es sei denn, daß der Papst in anderer Weise — insbesondere durch Bestellung eines administrator apostolicus — Vorsorge trifft. Solche Vikare und Administratoren haben zwar die Jurisdiktionsgewalt des Bischofs, immerhin sind sie nur Verweser und als solche verpflichtet, die laufenden Geschäfte auf der gegebenen Grundlage ohne Neuerungen zu erledigen (can. 436, 2405). — Diese Rechte der Domkapitel können schließlich gekrönt sein durch das erwähnte Recht der Bischofswahl.

In Bistümern, in denen keine Domkapitel bestehen, wirken an ihrer Stelle die Diözesankonsultoren (consultores dioecesani, can. 423—428). Als solche sind vom Bischof jeweils für 3 Jahre mindestens 4—6 ausgezeichnete Priester der Bischofsstadt oder ihrer Umgebung zu berufen.

Als Bischofsgehilfen kommen schließlich noch in Betracht der Diözesanverwaltungsrat, die Landdekane und die Diözesansynoden[2].

§ 9. Die Landdekane und Pfarrer.

I. Die Bistümer gliedern sich durch rechtliche Vereinigung mehrerer Pfarreien in Bezirke oder Distrikte (can. 217, „vicariatus foranei", „decanatus", „archipresbyteratus"). An ihrer Spitze steht — vom Bischof ernannt[3] und jederzeit entlaßbar — je ein Dekan (Dechant, Erzpriester) als Mittelorgan zwischen Bischof und Pfarrer (can. 445—450). Abgesehen von besonderen Befugnissen, die von der Provinzial- und Diözesansynode oder vom Bischof dem Dekan übertragen werden können, hat dieser die Aufgabe der Beaufsichtigung und Förderung der Geistlichen und der Überwachung des ganzen Kirchenwesens seines Bezirkes, der Einberufung und Leitung von Dekanatskonferenzen und der Berichterstattung an den Bischof.

II. Die Dekanatsbezirke setzen sich zusammen aus Pfarreien (Parochien) mit Pfarrkirchen, denen je ein Pfarrer (parochus)[4] vorsteht[5]. Dementsprechend hat grundsätzlich jeder Pfarrer nur eine Pfarrei, und diese ist in der Regel ein räumlich abgegrenzter Bereich. Die Bestimmung der Zuständigkeit der Pfarrer nach

[1] Can. 391: „Capitulum canonicorum sive cathedrale sive collegiale seu collegiatum est clericorum collegium ideo institutum ut sollemniorem cultum Deo in ecclesia exhibeat et, si agatur de Capitulo cathedrali, ut Episcopum, ad normam sacrorum canonum, tanquam eiusdem senatus et consilium, adiuvet, ac, sede vacante, eius vices suppleat in dioecesis regimine." — Dazu tritt noch die Führung eigener Geschäfte, da die Mitglieder der Domkapitel (canonici, capitulares, Domherren) zu einer juristischen Person mit Selbstverwaltung und Selbstgesetzgebung zusammengefaßt sind unter Leitung der Inhaber der „dignitates" („Dignitäre"; Dekan für die geistlichen, Propst für die äußerlichen Kapitelsgeschäfte). — Vgl. S. 38 Anm. 4 betr. Kollegialkapitel.

[2] S. u. §§ 9, 10, 15. Beachte auch den Diözesanüberwachungsrat gegen den Modernismus (§ 15 III).

[3] Etwa auch auf Grund von Wahl durch die Dekanatsgeistlichkeit.

[4] Can. 451ff. Can. 451: „Parochus est sacerdos vel persona moralis cui paroecia collata est in titulum cum cura animarum sub Ordinarii loci auctoritate exercenda." — Die an der Pfarrkirche, die nicht Domkirche ist, wirkenden Kleriker können ähnlich dem Domkapitel bei der Domkirche (s. o. § 8) zu einem Kollegial- oder Kollegiatkapitel (capitulum canonicorum collegiale seu collegiatum) zusammengefaßt werden (can. 391ff.).

[5] Eine dem Pfarrer ähnliche Stellung mit beschränkter Zuständigkeit haben für Nebenkirchen die „rectores ecclesiae" (cod. 479ff.).

Personengruppen (Personalpfarrei) ist eine seltene Ausnahme; sie ergibt sich insbesondere in Gestalt der Militär- und Anstaltsgeistlichkeit (can. 451 § 3).

Die Pfarrer erscheinen als kirchliche Verwaltungsbeamte; da aber die Seelsorge ihre Hauptaufgabe ist, können nur Priester als Pfarrer tätig sein. Dem entspricht, daß der Pfarrer in der Regel eine physische Person ist; doch kann auch eine juristische Person (Kapitel, religiöse Genossenschaft u. a.) vermöge Unierung mit einer Pfarrei Pfarrer sein unter Ausübung der Pfarrtätigkeit durch einen Priester als Pfarrvikar (can. 451, 471).

Diese Pfarrer haben als Recht und Pflicht die „cura animarum" gegenüber allen in der Parochie wohnenden Katholiken (Pfarrkinder, Parochianen), soweit nicht rechtlich begründete Ausnahmen, insbesondere bischöfliche Funktionen, in Frage stehen, und soweit nicht gewisse Kreise (Religionsgenossenschaften, fromme Häuser u. a.) durch „Exemtion" aus dem Pfarrverband ausgeschieden sind. Dagegen sind die Pfarrkinder für kirchliche Akte[1] nicht mehr an den Parochus gewiesen im Sinne des „Pfarrzwanges". Dieser ist gemildert, so daß die Parochianen ihre kirchlich-religiösen Bedürfnisse auch bei dem Pfarrer einer anderen Pfarrei oder eines exemten Instituts (Klostergeistliche) erfüllen können. Trotzdem werden die Parochianen sich in der Reel an ihren Pfarrer und ihre Pfarrkirche halten; sie sollen auch besonders ermahnt werden, dies zu tun (can. 467 § 2).

Neben der Seelsorge im allgemeinen sind dem Pfarrer als Amtspflichten besonders auferlegt die Abhaltung der Gottesdienste, das Lesen der Messe, Verwaltung der Sakramente, Beaufsichtigung der Parochianen, Fürsorge für irrende, arme, kranke und sterbende Pfarrkinder und für die religiöse Unterrichtung der Jugend, Pflicht zur Anwesenheit (Residenzpflicht) und zur Wahrung des Amts- und Beichtgeheimnisses. Im besonderen soll der Pfarrer darüber wachen, daß in seiner Parochie und hauptsächlich in den öffentlichen und privaten Schulen nichts Glaubens- oder Sittenwidriges geschieht[2]. Schließlich ist der Pfarrer noch kirchlicher Registerbeamter. Er hat zu führen das Tauf-, Firmungs-, Trauungs- und Sterbetagebuch, auch soll er für ein genaues Parochianenverzeichnis Sorge tragen und das Pfarrarchiv verwalten. — Neben diesen Pflichten stehen Amtsrechte, so das den Amtspflichten entsprechende Recht auf Betätigung der potestas ordinis und der potestas iurisdictionis in foro interno (nicht in foro externo), das Recht auf Besoldung, Ruhegehalt und Hinterbliebenenfürsorge, Recht auf Befreiung von Amtszwang und kirchlichen Abgaben, auf Beschränkung der Zwangsvollstreckung, auf besonderen Strafschutz u. a.

Die Besetzung von Pfarrstellen ist grundsätzlich Sache des Bischofs[3]. Ausnahmen von diesem bischöflichen Ernennungsrecht bestehen zugunsten des Hl. Stuhles und besonders auf Grund des Patronats („ius patronatus", can. 1448 bis 1471). Dieser ist ein schwacher Rest aus dem germanischen Eigenkirchenrecht. Im Unterschied von ihm, das den Kirchenstifter als Herrn der gestifteten Kirche anerkannte, beschränkt der Patronat die Stellung des Stifters[4] auf einige Privilegien (can. 1455), insbesondere auf das Recht der Präsentation im Sinne des dem Patron bei Erledigung der Patronatspfarrei zustehenden Vorschlagsrechtes zu Handen des Bischofs. Überdies hat der Patron gewisse Ehrenrechte und bei unverschuldeter Verarmung steht ihm ein Anspruch auf Unterstützung aus den über-

[1] Grundsätzlich abgesehen von Taufe, Trauung, Krankenkommunion („viaticum"), Beerdigung (Can. 462).

[2] Can. 469: „Parochus diligenter advigilet ne quid contra fidem ac mores in sua paroecia, praesertim in scholis publicis et privatis, tradatur, et opera caritatis, fidei ac pietatis foveat aut instituat."

[3] Can. 455: „Ius nominandi et instituendi parochos competit Ordinario loci, exceptis paroeciis Sanctae Sedi praeservatis, reprobata contraria consuetudine, sed salvo privilegio electionis aut praesentationis, si cui legitime competat."

[4] „Patronum faciunt dos, aedificatio, fundus."

schüssigen Beträgen des Stiftungsvermögens zu. Anderseits ist der Patron verpflichtet (can. 1469), das Kirchengebäude instand zu halten, das Stiftungsvermögen zu ergänzen, wenn seine Erträge nicht mehr das standesgemäße Mindesteinkommen („Kongrua") für den Pfarrer gewähren, und gegen eine Verschleuderung des Stiftungsvermögens zu wirken durch mahnende Mitteilung an den Bischof[1]. Wie einst das Eigenkirchenrecht, so wird auch das Patronatsrecht von der Kirche als unerwünschter Einbruch empfunden. Diese Abneigung hat sich schließlich zu der Vorschrift verdichtet, daß vom Inkrafttreten des Codex iuris canonici an keine neuen Patronate zugelassen werden, und daß den vorhandenen Patronen gegen Gewährung anderer Vorteile der Verzicht auf den Patronat nahegelegt werden soll (can. 1450, 1451).

Bei jeder Art der Besetzung sollen nur Pfarrkandidaten in Betracht kommen, die durch den Besitz der nötigen Eigenschaften wie Vorbildung, Ablegung der vorgeschriebenen Prüfungen (insbesondere der „Pfarrkonkursprüfung"), Glaubenszuverlässigkeit, guter Ruf als geeignet (idonei) erscheinen[2]. Über das Vorhandensein dieser Eigenschaften entscheidet der Bischof; unter mehreren geeigneten Kandidaten hat er den geeignetsten zu ernennen[3].

Für besondere Verhältnisse, wie sie durch Erledigung der Pfarrei, durch längere Abwesenheit, Überlastung, Krankheit oder Alter des Pfarrers entstehen, kommt die Bestellung von Gehilfen in Betracht in Gestalt der Pfarrvikare (vicarii paroeciales, Kapläne, Kooperatoren, can. 471—478).

§ 10. Die Konzilien, Synoden und Konferenzen.

In dem monarchischen Aufbau der katholischen Kirche treten uns auf den verschiedenen Stufen der Organisation Konzilien, Synoden und Konferenzen entgegen und damit Gebilde, die scheinbar demokratischen Charakter tragen. Tatsächlich sind diese Organe — ausgenommen die Diözesansynoden in einigen Entscheiden — ohne selbständige Bedeutung, und ihre Beschlüsse gewinnen praktischen Wert und rechtliche Gültigkeit nur kraft Zustimmung der über ihnen stehenden Einzelorgane Papst, Erzbischof und Bischof.

An der Spitze der Konzilien steht nach Rang und Wichtigkeit das ökumenische Konzil (Concilium Oecumenicum, can. 222—229)[4]. Seine Einberufung steht im freien Ermessen des Papstes. Einzuladende Mitglieder mit Sitz und Stimme sind die höchsten Würdenträger der Kirche, so die Kardinäle, Patriarchen, Primaten, Erzbischöfe, Bischöfe, gewisse Äbte, Praelati nullius und die obersten Vorsteher exemter klerikaler Genossenschaften. Außerdem können eingeladen werden die Vorsteher anderer religiöser Genossenschaften und die Titularbischöfe. Auch können Theologen und Kirchenrechtsgelehrte zugezogen werden als Teilnehmer mit bloß beratender Stimme. — Dieser glänzenden Versammlung spricht der Codex die

---

[1] „Patrono debetur honos, onus utilitasque-Praesentet, praesit, defendat, alatur egenus."

[2] Im preußischen Konkordat sind als Hauptvoraussetzungen bestimmt (Art. 9): Reichsangehörigkeit, Reifezeugnis für das Studium an einer deutschen Universität, philosophisch-theologisches Studium von mindestens 3 Jahren an einer deutschen Universität oder an einem bischöflichen Diöcesanseminar oder an einer päpstlichen Universität in Rom (Collegium Germanicum).

[3] Can. 459 § 1 und 2: „Loci Ordinarius, graviter onerata eius conscientia, obligatione tenetur vacantem paroeciam illi conferendi, quem magis idoneum ad eam regendam habuerit, sine ulla personarum acceptione. — In hoc iudicio ratio haberi debet non solum doctrinae, sed etiam earum omnium qualitatum, quae ad paroeciam vacantem rite regendam requiruntur."

[4] Die bisher abgehaltenen ökumenischen Konzilien sind: Die Konzilien von Nicaea I 325, Konstantinopel I 381, Ephesus 431, Chalcedon 451, Konstantinopel II 553, Konstantinopel III 680, Nicaea II 787, Konstantinopel IV 869, die vier Lateranischen Konzilien von 1123, 1139, 1179, 1215, die Konzilien von Lyon I 1245, Lyon II 1274, Vienne 1311, Konstanz 1414—1418, Basel-Ferrara-Florenz 1431 ff., das fünfte Lateranische Konzil 1512—1517, das Konzil von Trient 1545—1563, das Vatikanische Konzil 1869—1870.

höchste Kirchengewalt zu mit der Bestimmung: „Concilium Oecumenicum suprema pollet in universam ecclesiam potestate“ (can. 228). Diese Formel ändert aber nichts an der absoluten Herrscherstellung des Papstes. Er hat nicht nur die völlig freie Entscheidung über die Einberufung eines ökumenischen Konzils, sondern er führt auch selbst oder durch einen Vertreter den Vorsitz, bestimmt die Tagesordnung und das Verfahren, die etwaige Verlegung, Vertagung, Auflösung des Konzils, und die Konzilsbeschlüsse treten nur in Kraft, wenn sie vom Papst genehmigt und auf seinen Befehl veröffentlicht worden sind. Zudem ist noch bestimmt, daß gegen einen päpstlichen Entscheid nicht an das ökumenische Konzil appelliert werden kann, und daß das Konzil durch den Tod des einberufenden Papstes ohne weiteres unterbrochen wird, bis der neue Papst seine Fortführung befiehlt.

In entsprechender Abhängigkeit vom Papst und von den Erzbischöfen stehen die Plenar- und Provinzialkonzilien (can. 281—292). — In den Plenarkonzilien vereinigen sich die höchsten kirchlichen Würdenträger mehrerer Kirchenprovinzen. Ordentliche, zum Erscheinen verpflichtete Mitglieder sind ein päpstlicher Legat als Vorsitzender, die Erzbischöfe, Bischöfe, apostolische Administratoren, Äbte und Praelati nullius, apostolische Vikare und Präfekten und Kapitelsvikare. Die Titularbischöfe können eingeladen werden und gelten dann als ordentliche Mitglieder; dagegen haben andere Eingeladene nur beratende Stimme. Zulässig sind die Plenarkonzilien nur mit Genehmigung des Papstes, der sie durch einen Legaten einberufen und leiten läßt. Gegenstand der Konzilsberatungen sind Fragen kirchlicher und religiöser Natur, die für die beteiligten Erzdiözesen allgemeine Bedeutung haben. Die Konzilsbeschlüsse dürfen erst dann veröffentlicht werden und treten nur dann in Wirksamkeit, wenn sie von der Congregatio Concilii in Rom, also mittelbar vom Papst genehmigt sind. — Einen engeren Kreis umschließen die Provinzialkonzilien. Sie sind Versammlungen der höchsten Geistlichkeit, insbesondere der Bischöfe einer Kirchenprovinz unter dem Vorsitz ihres Erzbischofs. Er hat wenigstens alle zwanzig Jahre ein Provinzialkonzil einzuberufen. Diesem Konzil sind für seinen Bereich die entsprechenden Aufgaben gestellt wie dem Plenarkonzil, und wie dieses bedarf es für seine Beschlüsse der Genehmigung von Rom.

Mit den Provinzialkonzilien fallen räumlich zusammen die Bischofskonferenzen (can. 292), indem auch sie je eine Kirchenprovinz umfassen. Bei ihnen handelt es sich um Beratung und Besprechung der Bischöfe einer Kirchenprovinz zur Förderung der Kirche und des religiösen Lebens in ihren Diözesen und zur Vorbereitung der Provinzialkonzilien. Die Konferenzen sind wenigstens alle fünf Jahre vom Erzbischof oder ältesten Suffraganbischof einzuberufen und zu leiten. Obwohl dabei keine bindenden Beschlüsse in Frage stehen, haben doch diese Bischofskonferenzen viel größere praktische Bedeutung als die Provinzialkonzilien.

Noch enger ist der Wirkungskreis der Diözesansynode (can. 356—362). In ihr vereinigt der Bischof seine Diözesangeistlichkeit um sich zur Besprechung kirchlicher und religiöser Angelegenheiten des Bistums. Ordentliche Mitglieder sind der Generalvikar, die Domherren, die Landdekane, ein Vertreter jedes Kollegialkapitels, die Pfarrer am Ort der Synode, aus jedem Dekanatsbezirk wenigstens ein amtierender Pfarrer, die regierenden Äbte und ein Oberer der in der Diözese niedergelassenen religiones clericales (s. u. § 12). — Der Bischof kann überdies beliebig weitere Pfarrer und Kleriker seiner Diözese mit Stimmrecht beiziehen. Die Synode ist vom Bischof mindestens alle 10 Jahre zu berufen und tagt unter seiner Leitung. Die Synodalbeschlüsse werden nur wirksam durch die Unterschrift des Bischofs[1]; anderseits kann dieser immerhin in einzelnen Fällen nur mit Zustimmung der Synode handeln.

Schließlich ist auch noch für die Stufe des Dekanats die Abhaltung von Konferenzen des Dekans mit seiner Dekanatsgeistlichkeit vorgesehen (Dekanatskon-

[1] „Unicus est in Synodo legislator Episcopus, ceteris votum tantum consultivum habentibus; unus ipse subscribit synodalibus constitutionibus“ (can. 362).

ferenzen, „collationes seu conferentiae", can. 131). Ihre Einberufung, die öfter („saepius") an vom Bischof zu bestimmenden Zeitpunkten erfolgen soll, und ihre Leitung sind Sache des Dekans. Er hat dabei, dem Konferenzzweck entsprechend, dahin zu wirken, daß durch Besprechung religiöser, moralischer und liturgischer Fragen und durch „aliae exercitationes" das Wissen und die Frömmigkeit der Kleriker gefördert werden.

§ 11. Die Organisation im Missionsgebiet.

Dem göttlichen Recht und der geschichtlichen Entwicklung entsprechend ist die Kirche auf Grund der Bischofsverfassung organisiert, so daß sich der kirchliche Wirkungskreis räumlich in Bistümer gliedert. Neben dieser Normalverfassung besteht aber als Vorstufe noch eine besondere Missionsverfassung für den Missionsbereich. Vom katholischen Kirchenrecht aus gesehen, hat somit die Welt zwei Teile: Terrae Sedis Apostolicae und Terrae Missionis. — Unter Missionsgebiet fällt der nicht in die ordentlichen Bistümer eingefügte Wohnbereich der Häretiker und Heiden. Ihre Bekehrung wird von der Kirche als eine ihr von Gott gestellte Aufgabe betrachtet[1] und mit Hilfe eines besonderen, unmittelbar von Rom aus geleiteten Missionsorganismus erstrebt (can. 216, 252, 293—311). An der Spitze steht die Congregatio de Propaganda Fide. Im Missionsgebiet selbst arbeiten — nach Missionsdistrikten (regiones) abgegrenzt — Missionare, die, soweit möglich, je bestimmte Tätigkeitsbereiche nach Art von Parochien („quasi-paroeciae") zugewiesen erhalten. Sie sind bei ihrer Tätigkeit einem apostolischen Präfekten (Praefectus Apostolicus) unterstellt, dessen Befugnisse die Congregatio de Propaganda Fide bestimmt. Ist die Missionierung in einem Distrikt erfolgreich, so ernennt der Papst an Stelle des Präfekten einen apostolischen Vikar (Vicarius Apostolicus), der in der Regel Titularbischof ist. Präfekten und Vikare stehen in straffer Unterordnung unter der Congregatio de Propaganda Fide, anderseits haben sie die nötige Befehlsgewalt gegenüber den Missionaren, so daß sich das Bild einer festgefügten, durch einheitlichen Willen bestimmten Organisation ergibt[2]. Erscheint ein Distrikt dank weitreichender Missionierung als reif für die Einbeziehung in die ordentliche Bischofsverfassung, so erfolgt seine Erhebung zum Missionsbistum mit einem Bischof an der Spitze[3].

§ 12. Die religiösen Genossenschaften.

Die religiösen Genossenschaften („Religiones", can. 487—672) können vermöge ihrer Unterordnung unter die römische Kurie, ihrer festen Einfügung in die Kirchenverfassung und ihres kirchlich-konfessionellen Zweckes als mittelbare Bestandteile der kirchlichen Organisation betrachtet werden. Die bis in das 4. Jahrhundert n. Chr. zurückreichende Geschichte dieser Genossenschaften zeigt als ihre Entstehungsgrundlage das Streben nach sittlicher Höherentwicklung und eine reiche Mannigfaltigkeit ihres tatsächlichen und rechtlichen Bestandes. Der Codex hat das Ergebnis dieser langen Entwicklung in einem ausführlichen Gesellschaftsrecht festgelegt, dessen Ausprägung im einzelnen in den „regulae" und „constitutiones" der Genossenschaften enthalten ist.

Die religiösen Genossenschaften sind kirchlich genehmigte, rechtsfähige, autonome Verbände, deren Mitglieder durch die Gelübde des Gehorsams, der Keuschheit und der Armut sich zur gemeinsamen Erstrebung christlicher Vollkommenheit

[1] Ev. Matth. XXVIII, 19. Ev. Mark. XVI, 15, 16. Can. 1.322

[2] Immerhin haben Vikare und Präfekten zu ihrer Beratung in schwierigen Fragen ein Kollegium von drei erfahrenen Missionaren zu bestellen und wenigstens jährlich die Missionare ihres Amtsbereichs zur Besprechung und Beratung zu versammeln.

[3] In Deutschland besteht für die Mission das Apostolische Vikariat der Norddeutschen Missionen, die Apostolische Präfektur Schleswig-Holstein, die Apostolische Delegatur für Preußen links der Elbe.

(„evangelica perfectio") verpflichten[1]. Diese Gelübde sind feierliche oder einfache (vota simplicia oder sollemnia), je nach ihrer mehr oder weniger einschneidenden Wirkung. Im Anschluß daran werden innerhalb der Genossenschaften zwei Hauptgruppen unterschieden, die Orden (ordines) und die neuzeitlicheren Kongregationen (congregationes)[2]; in jenen sind feierliche, in diesen nur einfache Gelübde zu leisten. Dagegen gehören nicht hierher die zahlreichen „associationes" (tertii Ordines, confraternitates, piae uniones) der Laien, die keine Gelübde und meist auch kein Zusammenleben verlangen; für sie gilt trotz mancher Annäherung an die religiones besonderes Recht (can. 684 bis 725)[3]. — Der Unterschied zwischen Orden und Kongregationen zeigt sich schon bei der Entstehung, indem neue Orden nur vom Papst gegründet werden können, neue Kongregationen aber auch von den Bischöfen[4]. Dagegen sind Orden und Kongregationen für ihren Bestand insofern einander gleichgestellt, als sie nur vom Papste aufgehoben werden dürfen.

Die Organisation der religiones ist auf Grund der verschiedenen autonomen Satzungen im einzelnen verschiedenartig gestaltet. Immerhin bestehen gemeinsame Grundlagen. An der Spitze aller religiones steht der Papst, dem alle ihre Mitglieder gehorsamspflichtig sind[5]. Zudem unterstehen sie dem örtlich zuständigen Ordinarius, also insbesondere dem Bischof, soweit nicht Exemtionsprivilegien von dieser Unterordnung befreien. Als Vertreter in der Kurie haben die wichtigeren religiones je einen Kardinal („Kardinalprotektor"), der die Beratung und Förderung der ihm anvertrauten Genossenschaft zur Aufgabe hat[6]. Im übrigen sind in der Organisation die höheren und die niederen Oberen zu unterscheiden. Als höhere Obere (superiores maiores) wirken Abtprimas, Erzabt, Abt, Generalobere, Provinzialobere u. a. Ihnen stehen auf den verschiedenen Stufen entsprechend der kirchlichen Organisation als beratende und vereinzelt als beschließende Organe die Kapitel (Lokal-, Provinzial- und Generalkapitel) und Räte (consiliarii) zur Seite. Im übrigen sind die Ämter in den verschiedenen religiones je nach ihrer Größe und der Gruppierung ihrer Verwaltungsgeschäfte verschieden, eine besondere Rolle spielen die für die Vermögensverwaltung bestellten „oeconomi" (can. 516).

Die Mitglieder der geistlichen Genossenschaften heißen „religiosi"[7] und sind entweder Kleriker oder Laien („conversi"). Je nachdem eine Genossenschaft ganz oder im wesentlichen auf Kleriker oder Laien als Mitglieder eingestellt ist, heißt sie religio clericalis oder laicalis. Die Zulassung zur Mitgliedschaft (admissio) ist — abgesehen von allgemeinen Bedingungen wie katholischer Glaube, Eignung zur Erfüllung der Mitgliederpflichten, richtige Absicht, Nichtvorliegen besonderer recht-

---

[1] Can. 487: „Status religiosus seu stabilis in communi vivendi modus, quo fideles, praeter communia praecepta, evangelica quoque consilia servanda per vota obedientiae, castitatis et paupertatis suscipiunt, ab omnibus in honore habendus est."

[2] Als besonders wichtig sind hervorzuheben die Orden der Jesuiten, Franziskaner, Kapuziner, Benediktiner und Dominikaner. — Die Kongregationen sind viel zahlreicher als die Orden; sie sind loser organisiert als diese, verlangen nur einfache, zeitliche oder ewige Gelübde, passen sich ohne Festlegung auf eine klösterliche Niederlassung den Bedürfnissen des Lebens möglichst an und sind — besonders als weibliche Verbände — auf den verschiedensten Gebieten (Erziehung, Schulwesen, Krankenpflege u. a.) tätig. — Weitere Unterscheidungen innerhalb der Religionsgenossenschaften s. in can. 488.

[3] Näher stehen den religiones die „societates", deren „sodales" zwar zusammenleben, aber keine Gelübde ablegen. Auf diese societates kommt das Recht der religiones zum Teil zur Anwendung (can. 673—681).

[4] Immerhin nicht ohne Verständigung des Papstes (can. 492).

[5] Zuständige Behörde in der römischen Kurie ist die „Congregatio negotiis religiosorum sodalium praeposita".

[6] Can. 499. — Außerdem muß jede männliche, vom Papst genehmigte Genossenschaft („religio iuris pontificii") für die Führung ihrer Geschäfte beim Hl. Stuhl einen Generalprokurator („procurator generalis") bestellen (can. 517).

[7] Die Mitglieder der Orden haben noch den besonderen Namen „Regulares".

licher Hindernisse — davon abhängig gemacht, daß der Bewerber eine in der Regel einjährige Probezeit besteht (Noviziat)[1]. Während dieser Zeit sollen der Novize und die Genossenschaft das für die Entscheidung über den Eintritt nötige Urteil gewinnen. Dementsprechend kann der Novize jederzeit austreten und jederzeit, auch gegen seinen Willen, entlassen werden. Ist das Noviziat befriedigend erledigt, so schließt sich daran bei Erfüllung der weiteren Voraussetzungen der Eintritt in die Genossenschaft durch die Ableistung der drei Gelübde (Profeß, „religiosa professio") und durch Verpflichtung auf die Vorschriften, insbesondere auf die „Regel" der Genossenschaft. Die Gelübde sind je nach den Satzungen auf Dauer oder auf bestimmte Zeit als einfache oder als feierliche zu leisten. Gelübde auf Dauer können nicht sofort rechtsverbindlich abgelegt werden, sondern ihnen muß zunächst vorangehen eine einfache Profeß für mindestens drei Jahre. Dabei und bei zeitlich beschränkten Gelübden überhaupt steht mit Zeitablauf der Austritt frei. Aber auch vor Zeitablauf und selbst bei Gelübden auf Dauer kann unter bestimmten Voraussetzungen der Austritt auf Zeit oder für immer und die Ausschließung erfolgen (can. 637ff.). Auch der Übertritt von einer religio zu einer anderen ist möglich. Die Unterscheidung zwischen einfachen und feierlichen Gelübden ist wegen ihrer verschiedenen Rechtswirkungen kirchenrechtlich von wesentlicher Bedeutung. So läßt das votum simplex paupertatis als solches die Eigentums- und Erwerbsfähigkeit des Professen unberührt, nur fällt sein Erwerb durch eigene Tätigkeit oder mit Rücksicht auf die Genossenschaft dieser zu; dagegen bewirkt das votum sollemne paupertatis die kirchenrechtliche Eigentums- und Erwerbsunfähigkeit: das Eigentum hat der Professe vor der Leistung des votum aufzugeben, und der künftige Erwerb fällt der Genossenschaft oder bei ihrer Vermögensunfähigkeit dem Hl. Stuhle zu. — Durch das votum simplex castitatis wird eine Eheschließung ein verbotener, aber kein ungültiger Akt, während das votum sollemne castitatis den Abschluß einer gültigen Ehe unmöglich macht. Ebenso ist ein unter die Gehorsamspflicht gestelltes Handeln oder Unterlasssen unzulässig oder ungültig, je nachdem ein votum oboedientiae simplex oder sollemne vorliegt. — Im Unterschied von dieser kirchenrechtlichen Bedeutung der Gelübde sind diese für das deutsche bürgerliche Recht ohne Belang[2].

Auf Grund dieser Gelübde und entsprechend dem Zweck der Genossenschaften leben und wirken die Religiosen in enger, durch kirchliches und autonomes Recht geregelter Gemeinschaft[3]. Dabei ist den Religiosen eine Reihe von Sonderpflichten auferlegt, vermöge deren Erfüllung sie die Höhen des kirchlich-religiösen Lebensideals erreichen sollen. Dem entsprechen anderseits Privilegien, in denen die kirch-

---

[1] Can. 538: „In religionem admitti potest quilibet catholicus qui nullo legitimo detineatur impedimento rectaque intentione moveatur, et ad religionis onera ferenda sit idoneus"; can. 555ff. (Voraussetzungen für Aufnahme ins Noviziat). — Bei den weiblichen Religiones mit dauernden Gelübden und bei den Laienbrüdern der männlichen Religiones ist als Vorstufe des Noviziats ein mindestens sechs Monate währendes „Postulat" zurückzulegen (can. 539ff.).

[2] Die früher von manchen deutschen Staaten, so besonders von Preußen (vgl. Gesetz vom 31. Mai 1875), Sachsen, Württemberg und vom Reiche selbst (vgl. das 1904 zum Teil, 1917 völlig aufgehobene Jesuitengesetz vom 4. Juli 1872) verfügte Beschränkung der Zulassung von Orden ist hinweggefallen, da kraft verfassungsmäßig gewährleisteter Vereinsfreiheit auch religiöse Vereine und Gesellschaften frei gebildet werden können (Reichsverfassung Art. 124: „Alle Deutschen haben das Recht, zu Zwecken, die den Strafgesetzen nicht zuwiderlaufen, Vereine oder Gesellschaften zu bilden. Dies Recht kann nicht durch Vorbeugungsmaßregeln beschränkt werden. Für religiöse Vereine und Gesellschaften gelten dieselben Bestimmungen. — Der Erwerb der Rechtsfähigkeit steht jedem Verein gemäß den Vorschriften des bürgerlichen Rechts frei. Es darf einem Vereine nicht aus dem Grunde versagt werden, daß er einen politischen, sozialpolitischen oder religiösen Zweck verfolgt."). BGB. § 61 Abs. 2 und § 43 Abs. 3 sind aufgehoben.

[3] Can. 593: „Omnes et singuli religiosi, Superiores aeque ac subditi, debent, non solum quae nuncuparunt vota fideliter integreque servare, sed etiam secundum regulas et constitutiones propriae religionis vitam componere atque ita ad perfectionem sui status contendere"; can. 594.

liche Anerkennung des Wertes und der Verdienstlichkeit der religiösen Genossenschaften und der Zugehörigkeit zu ihnen zum Ausdrucke kommt[1].

Zweiter Abschnitt.

Die Tätigkeit der Kirche.

Wie das Wirken des Staates, läßt sich auch die Tätigkeit der Kirche in die drei Gebiete der Rechtsetzung, Rechtsprechung und Verwaltung zerlegen. Eine grundsätzliche Auseinanderhaltung dieser drei Bereiche entsprechend der staatlichen „Trennung der Gewalten" kennt freilich die katholische Kirche nicht. Sie vereinigt vielmehr alle drei „Funktionen" in den Händen ihrer höchsten Organe, insbesondere des Papstes und der Bischöfe, und faßt sie dementsprechend in der einheitlichen Bezeichnung „iurisdictio" zusammen.

§ 13. Die Rechtsetzung.

Als höchster Gesetzgeber schaltet souverän der Papst. Weder ein anderes Organ der Kirche, noch eine Norm des kirchlichen oder weltlichen Rechtes kommt kirchenrechtlich als Schranke seiner Rechtsetzungsgewalt in Betracht. Schranken erheben sich nur in Gestalt des göttlichen Rechtes und der unfehlbaren Rechtserlasse früherer Päpste. Und auch diesen gegenüber bewährt sich die Machtfülle des Papstes, indem es ihm zusteht, Dasein und Inhalt dieses Rechts gesetzgeberisch festzustellen. Bei der Betätigung seiner Gesetzgebungsgewalt wird der Papst in maßgebender Weise durch die römische Kurie, insbesondere durch die Kongregationen unterstützt. Diese haben sogar eine Art delegierter Rechtsetzungsbefugnis kraft der Anerkennung ihrer „declarationes" als Gesetze; eine selbständige Rechtsetzung steht aber insofern nicht in Frage, als eine dem päpstlichen Willen widersprechende declaratio ausgeschlossen ist[2].

Aus der absoluten Stellung des Papstes folgt, daß er im Einzelfalle von den Gesetzesvorschriften befreien kann, und daß für die Rechtsetzung weder ein bestimmter „Weg der Gesetzgebung", noch eine bestimmte Gesetzesform besteht. Es können somit alle denkbaren „Wege" eingeschlagen und alle Formen päpstlicher Erlasse gewählt werden, ausgenommen die Reskripte, die als Form für Verwaltungsakte dienen. Damit fällt hier die staatsrechtliche Unterscheidung zwischen Gesetz im formellen und materiellen Sinn, zwischen Gesetz und Verordnung dahin. Immerhin ist entsprechend dem staatlichen Recht die Veröffentlichung der Gesetze und der Eintritt der materiellen Gesetzeskraft geregelt: die päpstlichen und kurialen Gesetzeserlasse sind — soweit nicht eine andere Art der Veröffentlichung ausdrücklich vorgesehen ist — im päpstlichen Amts- und Gesetzesblatt „Acta Apostolicae Sedis" zu veröffentlichen, und sie treten — wenn sich nicht aus der Natur der Sache oder dem Gesetzestext ein anderes ergibt — drei Monate nach dem Tag der Ausgabe des Gesetzesblattes in Kraft (can. 9). So ist die Möglichkeit der Kenntnisnahme gewährleistet, und daher verfängt eine Berufung auf Unkenntnis des Gesetzes grundsätzlich nicht (can. 16).

Neben dieser päpstlichen Rechtsetzung kommt die der ökumenischen Konzilien in Gestalt von Konzilsbeschlüssen in Betracht. Da sie in ihrer Gültigkeit durch päpstliche Genehmigung und vom Papst angeordnete Veröffentlichung bedingt sind, haben sie sachlich der päpstlichen Rechtsetzung gegenüber keine selbständige Bedeutung.

In sachlich, räumlich und persönlich engerem Bereiche und im Rahmen der päpstlichen und konziliaren Rechtsetzung betätigen sich entsprechend ihrem Wir-

[1] So vorweg die Privilegien und Standespflichten der Kleriker (s. o. § 6), can. 592, 614. Dazu treten weitere Rechte und Pflichten auf Grund des Codex, insbesondere die Klosterklausur der Regulares und die Exemtionsprivilegien (can. 592ff.).

[2] Can. 244.

kungskreise die übrigen Rechtsetzungsorgane: die Bischöfe, die Provinzialkonzilien, die autonomen Verbände und Anstalten, insbesondere die geistlichen Genossenschaften und die Domkapitel.

Die Geltung der Kirchengesetze ist grundsätzlich räumlich bestimmt (can. 8 § 2) und beschränkt sich somit im allgemeinen auf die Bewohner des fraglichen Gebiets[1]. Daneben stehen aber auch „leges generales“, welche die Gesetzesadressaten ohne Rücksicht auf ihren jeweiligen Wohnsitz oder Aufenthalt erfassen (can. 13 § 1). In beiden Fällen kommen grundsätzlich als Gesetzesadressaten die urteilsfähigen, mindestens 7 Jahre alten Getauften in Betracht (can. 12)[2]. Im Unterschied von den allgemein gültigen Rechtsnormen erfassen die Privilegiengesetze („leges privatorum“) nur gewisse einzelne Personen, Sachen oder Beziehungen. Für diese entstehen dadurch Privilegien, deren Verleihung somit nicht durch Verwaltungsakt, sondern durch Gesetzgebung erfolgt[3]. — Die Verhältnisse der Gesetzesadressaten werden für die Zeit nach Inkrafttreten des Gesetzes durch dieses bestimmt, während eine Rückwirkung der Gesetzesvorschriften in frühere Zeit nur kraft ausdrücklicher Bestimmung Platz greift (can. 10). Auch frühere Gesetze sollen durch jüngere Gesetze nur als geändert betrachtet werden kraft ausdrücklicher Vorschrift oder bei unmittelbarem Widerspruch oder bei völliger Neuregelung des Gegenstands durch das jüngere Gesetz. Abgesehen davon, soll das jüngere Gesetz in Anpassung an das ältere ausgelegt werden (can. 22, 23). Der Satz „lex posterior derogat legi priori“ gilt somit nur beschränkt; soweit er Platz greift, spricht man von „obrogatio“ des älteren Gesetzes.

Im übrigen bestimmt sich die Wirkungsdauer eines Gesetzes aus diesem selbst, wenn eine Zeitbestimmung oder der Gesetzesgegenstand das Ende der Gesetzeskraft ergibt. Der Gesetzgeber kann auch im Rahmen seiner Zuständigkeit die Gesetze beliebig abändern und aufheben (derogatio und abrogatio legis), er kann aber auch für den Einzelfall die Wirkung einer Gesetzesänderung durch Verwaltungsakt erreichen, indem er von den Vorschriften des Gesetzes befreit (dispensatio)[4]. Darüber hinaus betätigt der Papst eine Art genereller Dispensation, indem er nach seinem Ermessen für beliebige Zeit und für beliebige Bereiche auf die Gesetzesdurchführung verzichtet („Papa haud impedit“, „Papa dissimulat“, „ratione temporum habita“). Auf diese Dispensationsgewalt gründet sich neben der elastischen Fassung vieler Rechtssätze die glänzende Anpassungsfähigkeit des katholischen Kirchenrechts. Daraus ergibt sich freilich aber auch die Schwierigkeit eines doppelspurigen Rechtes, indem neben dem Gesetzes- und Gewohnheitsrecht mit dem tatsächlich geübten Recht („vigens ecclesiae disciplina“) gerechnet werden muß[5].

§ 14. Die Gerichtsbarkeit.

Die in der Kirche seit alters geübte Rechtsprechung zerfällt in die beiden Gebiete der Zivil- und Strafgerichtsbarkeit (iurisdictio contentiosa und criminalis). Daneben tritt — aus der Eigenart des auch das Innenleben erfassenden katho-

[1] Im einzelnen can. 13, 14 (insbesondere betr. die „peregrini“ und „vagi“).

[2] Can. 12: „Legibus mere ecclesiasticis non tenentur qui baptismum non receperunt, nec baptizati qui sufficienti rationis usu non gaudent, nec qui, licet rationis usum assecuti, septimum aetatis annum nondum expleverunt, nisi aliud iure expresse caveatur.“ — Entsprechend der These, alle gültig getauften Christen seien Angehörige der katholischen Kirche (s. o. § 1), gelten somit die katholischen Kirchengesetze grundsätzlich auch für die Nichtkatholiken, also insbesondere für die Häretiker. Als Ausnahme ist hervorzuheben, daß Ehen zwischen Nichtkatholiken nicht den Rechtsvorschriften des Codex über die Ehe unterstellt sind, ebensowenig Ehen katholisch getaufter, aber nicht katholisch erzogener Nachkommen von Nichtkatholiken mit solchen (can. 1099 § 2).

[3] Außerdem können Privilegien auch erworben werden durch Gewohnheit und Verjährung. Über die „privilegia“ im einzelnen s. can. 63—79.

[4] Über die „dispensationes“ im einzelnen vgl. can. 80—86. Beachte die Delegation päpstlicher Dispensbefugnisse an Bischöfe in Gestalt von „Fakultäten“ (oben § 8).

[5] Über die Gesetzesauslegung unten § 41.

lischen Kirchenrechts erklärbar — die andere Zweiteilung in innere und äußere Gerichtsbarkeit (iurisdictio in foro interno und externo), je nachdem Fragen des Gewissens und des Verhältnisses zu Gott oder der äußeren Ordnung, der Beziehungen zu anderen Personen und insbesondere zur Kirche ihre rechtliche Erledigung finden sollen. — Der Kreis dieser kirchlichen Gerichtsbarkeit ist für Kleriker und Laien erheblich weit gezogen. Vorweg fallen in ihn die Zivil- und Strafprozesse der Kleriker und der Mitglieder religiöser Genossenschaften, soweit nicht die Kirche durch Ausnahmevorschriften die Zuständigkeit der weltlichen Gerichte anerkannt hat („privilegium fori")[1]. Ebenso zieht die Kirche an ihre Gerichte grundsätzlich alle Prozesse von Laien, soweit es sich handelt um geistliche Angelegenheiten oder um solche, die mit diesen verbunden sind, um Verletzung kirchlicher Gesetze, um irgendwelches sündhaftes Verhalten, bei dem die Schuldfrage zu lösen und die kirchliche Bestrafung zu bestimmen ist[2]. Bei dieser weiten Erstreckung der geistlichen Gerichtsbarkeit, insbesondere bei ihrer Ausdehnung auf die „causae spiritualibus adnexae", war von vornherein mit der konkurrierenden Zuständigkeit der weltlichen Gerichte zu rechnen. Der Codex tut dies und läßt für „causae mixti fori" die zeitliche „Prävention" erscheinen, so daß dasjenige Gericht zuständig sein soll, bei dem der Fall zuerst anhängig wurde[3].

Für die Erledigung der kirchlichen Prozesse steht ein Gerichtsapparat von vier Instanzen zur Verfügung: das bischöfliche und erzbischöfliche Gericht, die Kurialgerichte[4] und der Papst. In der Regel erfolgt die Erledigung der Prozesse durch jene Gerichte. Immerhin zeigt sich auch hier die alles überragende Stellung des Papstes, indem jeder kirchliche Zivil- und Strafprozeß unmittelbar beim Hl. Stuhl anhängig gemacht[5] oder vom Papst in seine Zuständigkeit gezogen werden kann[6]. Im übrigen ist die Zuständigkeit der Gerichte nach persönlichen, örtlichen und sachlichen Gesichtspunkten festgelegt (Gerichtsstände des Wohnsitzes, des Aufenthalts, des Vertragschließungs- oder Erfüllungsortes, der belegenen Sache, des Tatortes u. a.).

Die Zusammensetzung der Gerichte, ihr Verfahren und die Vollstreckung sind eingehend geregelt in einem umfassenden Gerichtsverfassungs-, Zivilprozeß- und Strafprozeßrecht (can. 1569—1924, 1933—1959), und daran schließen sich noch genaue Sondervorschriften für Vergleiche und Schiedsgerichte (can. 1925—1932), für Eheprozeß (can. 1960—1992), Ordinationsprozeß (can. 1993—1998), Selig- und Heiligsprechungsprozeß (can. 1999—2141), Prozesse gegen Pfarrer und andere Kleriker (can. 2142—2194).

Die Hauptrolle bei dieser Rechtsprechung spielt die Strafgerichtsbarkeit, und sie erhebt sich auf einem eingehenden kirchlichen Strafrecht (can. 2195 bis 2414), das nach Art moderner staatlicher Strafgesetzbücher gefaßt ist. — Die

[1] Oben § 4; can. 120, 1553, 614, 680, 2341.

[2] Can. 1553 § 1: „Ecclesia iure proprio et exclusivo cognoscit: 1. De causis quae respiciunt res spirituales et spiritualibus adnexas; 2. De violatione legum ecclesiasticarum deque omnibus in quibus inest ratio peccati, quod attinet ad culpae definitionem et poenarum ecclesiasticarum irrogationem; 3. De omnibus causis sive contentiosis sive criminalibus quae respiciunt personas privilegio fori gaudentes ad normam can. 120, 614, 680."

[3] Can. 1553 § 2: „In causis in quibus tum Ecclesia tum civilis potestas aeque competentes sunt, quaeque dicunter mixti fori, est locus praeventioni."

[4] Gelegentlich hat die Kurie in Abmachungen mit Staaten konzediert, daß an Stelle der römischen Gerichte ein einheimisches Kirchengericht tritt.

[5] Can. 1569 § 1: „Ob primatum Romani Pontificis integrum est cuilibet fideli in toto orbe catholico causam suam sive contentiosam sive criminalem, in quovis iudicii gradu et in quovis litis statu, cognoscendam ad Sanctam Sedem deferre vel apud eandem introducere."

[6] Can. 1557 § 3: „Alias causas quas Romanus Pontifex ad suum advocaverit iudicium, videt iudex quem ipsemet Romanus Pontifex designaverit." — Die normale erstinstanzliche Gerichtsbarkeit des Papstes erstreckt sich auf „Eos qui supremum tenent populorum principatum horumque filios ac filias eosve quibus ius est proxime succedendi in principatum; Patres Cardinales; Legatos Sedis Apostolicae, et in criminalibus Episcopos, etiam titulares" (can. 1557 § 1).

Strafgewalt selbst nimmt die Kirche gegen Kleriker und Laien für sich in Anspruch als ein aus ihrem Wesen folgendes selbständiges Recht. So bestimmt der Codex: „Nativum et proprium Ecclesiae ius est, independens a qualibet humana auctoritate, coercendi delinquentes sibi subditos poenis tum spiritualibus tum etiam temporalibus" (can. 2214). Die Betätigung dieser Strafgewalt geht, dem Heiligungszweck der Kirche entsprechend, wesentlich auf die Besserung der Übeltäter, außerdem aber auch auf Vergeltung für das begangene Unrecht. Dem entspricht der beide Gesichtspunkte umfassende Strafbegriff des Codex: „Poena ecclesiastica est privatio alicuius boni ad delinquentis correctionem et delicti punitionem a legitima auctoritate inflicta" (can. 2215).

Über die unter Strafe gestellten Delikte sind vorweg die nötigen allgemeinen Vorschriften gegeben. Sie haben hauptsächlich den Begriff und die Einteilung der Vergehen, die Zurechenbarkeit, Strafschärfungs- und Milderungsgründe, Versuch, Straferlaß u. a. zum Gegenstand. Auf dieser Grundlage sind des weiteren die einzelnen Delikte mit ihren Straffolgen aufgeführt. So die Delikte gegen den Glauben und die Einheit der Kirche, gegen die Religion, gegen die kirchliche Autorität, kirchliche Personen und Sachen, gegen Leben, Freiheit, Eigentum, guten Ruf und gute Sitten, Urkundenfälschung, Delikte bei Verwaltung und Empfang der Sakramente, Vergehen der Kleriker und Religiosen gegen ihre Standespflichten, Amtsdelikte u. a. — Als Deliktsfolgen ergeben sich die Kirchenstrafen. Sie zerfallen entsprechend dem im Strafbegriff bezeichneten doppelten Strafzweck in Besserungs- und Vergeltungsstrafen. Besserungsstrafen oder Zensuren (poenae medicinales seu censurae) sind die Exkommunikation, das Interdikt, die Suspension der Kleriker[1]. Sie werden nur unter bestimmten Voraussetzungen bei schweren Vergehen praktisch und fallen dahin mit der nach betätigter Reue zu erteilenden Absolution[2]. Meist werden diese Strafen durch richterliches Urteil verhängt (censurae ferendae sententiae). Dem kirchlichen Strafrecht ist aber eigenartig, daß in einer Reihe von Fällen die Strafe ohne weiteres als Folge des Delikts ausgelöst wird und vom Delinquenten gewissermaßen selbst vollstreckt werden soll (censurae latae sententiae). — Im Unterschied davon ist die Vollstreckung der Vergeltungsstrafen unabhängig von der etwaigen Sinnesänderung des Täters. Solche „poenae vindicativae" hat die Kirche in reicher Abstufung ausgebildet, so daß nunmehr gegen Kleriker und Laien hauptsächlich 24 Arten zur Verfügung stehen[3]. Außer diesen Besserungs- und Vergeltungsstrafen hat die Kirche noch zwei Möglichkeiten für die Betätigung ihrer Strafgewalt, die aber mehr den Charakter von Zuchtmitteln als von Strafen haben: remedia poenalia[4] und poenitentiae in foro externo)[5]. Jene richten sich

[1] Can. 2241—2285. Die Zensur wird in can. 2241 so definiert: „Censura est poena qua homo baptizatus, delinquens et contumax, quibusdam bonis spiritualibus vel spiritualibus adnexis privatur, donec, a contumacia recedens, absolvatur." — Das Interdikt trifft entweder bestimmte Personen oder Gebiete (interdictum personale oder reale) und schließt diese mehr oder weniger umfassend vom Kultus und von den durch die Kirche vermittelten Heilsgütern aus (can. 2268 ff.). — Die Exkommunikation bedeutet nicht Ausschließung aus der Kirche, sondern aus der „communio fidelium" mit allgemeinem oder beschränktem Verkehrsverbot (Excommunicatus vitandus oder toleratus) und mit grundsätzlichem Ausschluß von den Sakramenten, Sakramentalien und anderen religiösen Handlungen (unten § 15) der Kirche (can. 2257 ff.).

[2] Für die Absolution wird wichtig die Unterscheidung der „censurae reservatae" und „censurae non reservatae" (can. 2245), indem bei censurae non reservatae der Beichtvater in foro interno, der zuständige Jurisdictionsinhaber in foro externo absolvieren kann, während die Absolution bei censurae reservatae nur dem Organ zusteht, dem sie vorbehalten ist, oder seinem Vorgesetzten oder Bevollmächtigten; so z. B. in einer Reihe von Fällen dem Papste selbst, dem vielfach Zensuren „simpliciter" oder „speciali modo" oder „specialissimo modo" reserviert sind.

[3] Im einzelnen can. 2291—2305.

[4] Can. 2306—2311. Solche Strafmittel sind Mahnung, Verweis, Befehl unter Strafdrohung, Überwachung.

[5] Can. 2312, 2313. Als Pönitenzen kommen hauptsächlich in Betracht Gebete, Wallfahrten oder andere fromme Werke, Fasten, Almosen, geistliche Übungen.

gegen die vor der Begehung eines Delikts Stehenden oder eines begangenen Delikts Verdächtigen, diese sollen dem Delinquenten die Verhängung einer eigentlichen Strafe ersparen oder an Stelle einer verhängten Strafe treten. So sollen die Heilmittel und Bußen die Gläubigen unter Vermeidung strenger Strafgewalt zu ordnungsmäßigem Verhalten führen, wie überhaupt die Träger der Strafgerichtsbarkeit „in omni bonitate et patientia" vorgehen und mehr „benevolentia" als „austeritas", mehr „exhortatio" als „comminatio", mehr „caritas" als „potestas" üben und nur bei schweren Delikten „cum mansuetudine rigor", „cum misericordia iudicium", „cum lenitate severitas" anwenden sollen (can. 2214 § 2).

Die für die Rechtsprechung wichtige Auslegung der Gesetze ist entweder authentisch oder wissenschaftlich. Zu authentischer, bindender Auslegung ist das gesetzgebende Organ oder sein Nachfolger oder der von diesen etwa Bevollmächtigte befugt[1]. An ihre Gesetzeserklärungen haben sich die Richter so zu halten, wie wenn sie Gesetze wären. Abgesehen davon sollen die Gesetze auf Grund wissenschaftlicher Auslegung angewandt werden. Dabei ist der Sinn der Rechtsvorschriften zunächst an Hand des Wortlautes der fraglichen Gesetzesstelle und unter Berücksichtigung ihres Zusammenhangs zu ergründen. Ergibt sich so keine Klarheit, so sind Parallelstellen heranzuziehen und ist auf den Zweck der Vorschrift, ihre Entstehung und auf den Willen des gesetzgebenden Organs abzustellen. Versagt diese Auslegung infolge der Unvollständigkeit eines Gesetzes, so sind die fehlenden Vorschriften zu gewinnen aus Gesetzesbestimmungen für ähnliche Fälle, aus den allgemeinen Grundsätzen des Rechts und der Billigkeit, aus der Praxis der römischen Kurie und aus der einheitlichen und ständigen Lehre der Wissenschaft[2].

§ 15. Die Verwaltung.

I. Kultusverwaltung.

Mit der Vorstellung der katholischen Kirche verbindet sich notwendig das Bild eines großartigen Kultus zur Erreichung des kirchlichen Zweckes. In diesem weitverzweigten, Gemüt und Sinne ergreifenden Kultus will sich die Kirche stets aufs neue als die Heilsanstalt Gottes erweisen und geleitet die Gläubigen tagaus, tagein durch ihr ganzes irdisches Leben und noch über dieses hinaus in die Welt des Jenseits. Obwohl es sich dabei wesentlich um religiöse Güter und geistliche Wirkungen handelt, besteht doch, entsprechend der Verbindung von Glauben und Recht, ein bis in alle Einzelheiten ausgebautes Kultusrecht, das naturgemäß für die geistliche Tätigkeit grundlegende Bedeutung hat. Im Mittelpunkt stehen die sieben Sakramente: Taufe (baptisma), Firmung (confirmatio), Kommunion (communio), Buße (poenitentia), letzte Ölung (extrema unctio), Ordination (ordo) und Ehe (matrimonium) (can. 731—1143)[3].

Rechtlich besonders wichtig ist die Ehe. Die katholische Kirche betrachtet entsprechend der von ihr angenommenen Sakramentsnatur der Ehe[4] von jeher die Ehegesetzgebung und -gerichtsbarkeit als ihre Sache und hat daher auch im Codex ein umfassendes Eherecht erlassen (can. 1012—1153, 2356, 2388, 646 § 1, 132 § 2, 188 Ziff. 5, 2319 § 1, 2375, 1960—1992 u. a.). — Das staatliche Eherecht (oben § 4)

[1] Can. 17. [2] Can. 18—20.

[3] Can. 731 § 1: „Cum omnia Sacramenta Novae Legis, a Christo Domino Nostro instituta, sind praecipua sanctificationis et salutis media, summa in iis opportune riteque administrandis ac suscipiendis diligentia et reverentia adhibenda est." § 2: „Vetitum est Sacramenta Ecclesiae ministrare haereticis aut schismaticis, etiam bona fide errantibus eaque petentibus, nisi prius, erroribus reiectis, Ecclesiae reconciliati fuerint." — Über die Ordination oben § 6.

[4] „Christus Dominus ad sacramenti dignitatem evexit ipsum contractum matrimonialem inter baptizatos. — Quare inter baptizatos nequit matrimonialis contractus validus consistere, quin sit eo ipso sacramentum (can. 1012).

wird von der katholischen Kirche als Eingriff in den kirchlichen Bereich grundsätzlich abgelehnt. Immerhin empfiehlt die Kirche ihren Gläubigen, die Zivilehe der Form halber zur Vermeidung weltlicher Nachteile zu schließen, und die rein weltlichen Wirkungen einer Ehe wie Güterrecht und Erbrecht u. a. darf auch nach kirchlicher Ansicht der Staat regeln (can. 1016).

Das kirchliche Eherecht stellt sich nach seinen wesentlichen Grundlagen so dar: Vor der Eheschließung selbst kann die Verlobung (matrimonii promissio, sponsalitia, can. 1017) geschlossen werden, für die besondere Schriftform vorgesehen ist. Wie im bürgerlichen Recht kann aus dem Verlöbnis nicht auf Eingehung der Ehe, wohl aber unter Umständen auf Schadenersatz geklagt werden. — Vor Schließung der Ehe hat der zuständige Geistliche zu erforschen, ob ihr keine rechtlichen Hinderungsgründe entgegenstehen. Dieser Klarstellung dienen insbesondere die Befragung der Verlobten (sog. Brautexamen, can. 1020), das Abhören von Zeugen (can. 1031) und das öffentliche Aufgebot (can. 1022ff., ausgenommen die u. U. zulässige, heimlich gehaltene Gewissensehe can. 1104ff.).

Die Ehehindernisse[1] zerfallen in verschiedene Arten (impedimenta impedientia und dirimentia, publica und occulta, iuris divini und ecclesiastici, minoris und maioris gradus, antecedentia und subsequentia, perpetua und temporalia, endgültige und dispensierbare). Rechtlich am wichtigsten ist die Unterscheidung der aufschiebenden und trennenden Hindernisse (impedimenta impedientia und dirimentia): diese machen eine Ehe ungültig (matrimonium irritum), jene machen sie nur unerlaubt und strafbar (matrimonium illicitum). — Als aufschiebende Hindernisse (can. 1058ff.) kommen in Betracht: Gelübde der Ehelosigkeit, der Keuschheit, des Eintritts in den Kleriker- oder Religionsstand; Verwandtschaft durch Adoption; Zugehörigkeit des anderen Teils zu einer nichtkatholischen Religionsgesellschaft („impedimentum mixtae religionis“: diese Mischehe wird von der Kirche scharf bekämpft und nur zugelassen unter schweren Bedingungen, wie gerechtfertigte und dringende Gründe, schriftliches Versprechen des nichtkatholischen Teils, den katholischen Ehegatten nicht von seinem Glauben abspenstig zu machen, schriftliches Versprechen beider Teile, alle ihre Kinder katholisch taufen und erziehen zu lassen, moralische Sicherheiten für die Einhaltung der Versprechen, Verpflichtung des katholischen Ehegatten, in kluger Weise den anderen Ehegatten für die katholische Kirche zu gewinnen, grundsätzlicher Ausschluß einer Trauung durch nichtkatholische Geistliche; die Mischehe wird zudem noch dadurch herabgesetzt, daß sie — trotz erreichten Dispenses — grundsätzlich nicht aufgeboten, ohne Kultfeierlichkeiten und nicht in der Kirche geschlossen werden soll — can. 1060ff., 1026, 1101, 1102, 1109; 2256, 2375; 2319, 2391, 2315). — Als trennende Hindernisse (can. 1067ff.) werden bezeichnet: fehlendes Alter (der Mann muß das 16., die Frau das 14. Lebensjahr zurückgelegt haben), Impotenz, bestehende kirchenrechtlich gültige Ehe, Heidentum (fehlende Taufe), höhere Weihen, feierliche Gelübde, Entführung, Ehebruch, Gattenmord, Verwandtschaft und Schwägerschaft bestimmter Art, Willensmängel (fehlendes Urteilsvermögen, Zwang, Furcht, Irrtum, Simulation, Mentalreservation). Wird eine Ehe trotz trennenden Ehehindernisses geschlossen, so kann im Eheprozeß ihre Ungültigerklärung erreicht werden, eine solche Ehe kann aber auch nachträglich gültig werden durch Dispens oder Wegfall des Hindernisses (convalidatio matrimonii, can. 1133ff.). — Von den meisten Ehehindernissen kann dispensiert werden, so daß die Ehe trotz deren Vorliegen zulässig und rechtsgültig wird. Ausgenommen sind die auf göttlichem Recht oder Naturrecht beruhenden Hindernisse wie fehlendes Alter, Impotenz, bestehende Ehe. Die Dispenserteilung steht zu dem Papst, Kurialbe-

[1] Bei ihrer Aufstellung spielt eine wesentliche Rolle der Zweck der Ehe. Dieser wird vom codex so bestimmt: „Matrimonii finis primarius est procreatio atque educatio prolis; secundarius mutuum adiutorium et remedium concupiscentiae (can. 1013).

hörden und anderen päpstlichen Bevollmächtigten, in bestimmten Fällen den Ordinarien, insbesondere den Bischöfen, und ausnahmsweise auch einfachen Priestern und Beichtvätern.

Liegen keine Ehehindernisse vor oder sind sie durch Dispens beseitigt, und ist in gewissen Sonderfällen (Eheschließung Wohnsitzloser, fehlende Einwilligung der Eltern bei Minderjährigen, Ehe mit nicht-kirchlich gesinnten Katholiken, mit öffentlichem Sünder und Zensuriertem) die nötige bischöfliche Erlaubnis erteilt, so ist der Weg zur Eheschließung frei. Diese ist wie im bürgerlichen Recht ein Vertrag und erfolgt durch die Heiratenden vermöge Erklärung ihres Ehewillens vor dem Pfarrer oder Ordinarius oder einem von ihnen delegiertem Priester und vor mindestens zwei Zeugen (can. 1094: „Ea tantum matrimonia valida sunt quae contrahuntur coram parocho, vel loci Ordinario, vel sacerdote ab alterutro delegato et duobus saltem testibus"). Zuständig ist im allgemeinen der Pfarrer oder Ordinarius des Bereichs, in dem der Wohnsitz der Heiratenden oder wenigstens des einen Teils (insbesondere der Braut) liegt oder ein Aufenthalt von wenigstens einem Monat besteht. Doch kann die Zuständigkeit durch besondere Erlaubnis für einen anderen Pfarrer oder Ordinarius begründet werden. Ausnahmsweise genügt auch die Ehewillenserklärung der Heiratenden vor Zeugen ohne Anwesenheit des Geistlichen, wenn Lebensgefahr besteht oder wenn voraussichtlich innerhalb eines Monats ein zuständiger Geistlicher nicht zugegen sein wird (Nottrauung, can. 1098).

Die kirchenrechtlich gültig geschlossene und von dem Ehegatten durch copula carnalis vollzogene Ehe ist nur durch den Tod lösbar (can. 1118: „Matrimonium validum ratum et consummatum nulla humana potestate nullaque causa, praeterquam morte, dissolvi potest"). Ist diese Vollziehung noch nicht erfolgt, so kann die Ehe noch gelöst werden durch päpstlichen Dispens oder feierliches Keuschheitsgelübde (votum sollemne castitatis) eines Ehegatten. — Dagegen kennt das katholische Kirchenrecht wie das bürgerliche Recht eine „Trennung von Tisch und Bett" (separatio tori, mensae et habitationis, can. 1128) in dem Sinne, daß ohne Lösung des Ehebandes das eheliche Zusammenleben vorübergehend (bei Ehebruch dauernd) aufgehoben werden kann.

Diese Sakramente betrachtet die Kirche als heilige, von Christus angeordnete Handlungen, in denen sie den Gläubigen übernatürliche geistliche Güter vermittelt. Der Eintritt dieser Wirkung ist bedingt durch die Rechtsgültigkeit der heiligen Handlung, und diese ist nur dann gegeben, wenn der zuständige und geistlich fähige Spender (minister) des Sakraments die Handlung unter richtigem Gebrauch (materia proxima) des vorgeschriebenen Mittels (materia remota) mit den festgelegten Worten (forma) in der sakramentsgemäßen Absicht (intentio faciendi id quod facit ecclesia) vornimmt. Die Wirkungen für den Sakramentsempfänger treten dann ohne dessen Verdienst ein vermöge der durch das Verdienst Christi gegebenen elementaren Kraft der Sakramente. Die Sakramente wirken „ex opere operato".

Um die Sakramente gruppiert sich eine Menge weniger wichtiger Sakramentalien und anderer religiöser Handlungen. Die Sakramentalien[1] sind zwar ähnlich wie die Sakramente zur Hervorrufung geistlicher Wirkungen bestimmt, gehen aber nicht auf Einsetzung Christi zurück und wirken daher nicht „ex opere operato". So die Weihung (consecratio), die Segnung (benedictio) und die Dämonenbeschwörung (Exorzismus). Das praktisch wichtigste Sakramentale ist die Weihung, durch die Menschen und Sachen Gott und der Kirche dienstbar gemacht werden. Im besonderen entstehen durch Weihungen oder Segnungen die einem Sonderrechte

[1] Can. 1144—1153. Can. 1144 gibt die Begriffsbestimmung: „Sacramentalia sunt res aut actiones quibus Ecclesia, in aliquam Sacramentorum imitationem, uti solet ad obtinendos ex sua impetratione effectus praesertim spirituales."

unterstehenden heiligen Sachen (res sacrae)[1] und heiligen Orte (loca sacra) (Kirchengerät, Glocken, Kreuze, Bilder, Friedhöfe, Kapellen, Altäre, Kirchengebäude). — Aus diesem kirchlichen Sachenrecht haben erhebliche allgemeine Bedeutung die Vorschriften über die Beerdigung[2]. In diesen wird vorweg unter scharfer Verwerfung der Verbrennung an der Erdbestattung festgehalten. Diese soll — von der kirchlichen Totenfeier umrahmt — in geweihter Erde erfolgen. Dem wird am besten entsprochen im rein katholischen Friedhof[3]. Im Einklang damit spricht sich die Kirche das Recht zu, eigene Friedhöfe zu haben. Ist dieses Recht ohne Aussicht auf Änderung durch die Einrichtung weltlicher Friedhöfe verletzt, so sollen diese benediziert werden, vorausgesetzt, daß sich die Mehrzahl der dort zu Beerdigenden zum katholischen Glauben bekennt. Trifft das nicht zu, so soll für die Katholiken ein besonderer Teil des weltlichen Friedhofs ausgeschieden und benediziert werden. Und wenn auch diese Lösung nicht erreichbar ist, hat die Benediktion für die einzelnen Katholikengräber zu erfolgen. — Jedenfalls soll jeder Getaufte unter Mitwirkung der Kirche beerdigt werden, es sei denn, daß er vom kirchlichen Begräbnis durch ausdrückliche Rechtsvorschrift ausgeschlossen ist. Ausgeschlossen sind, soweit sie nicht vor dem Tode Reue gezeigt haben, die notorischen Apostaten, die Häretiker, Schismatiker, Mitglieder von Freimaurerlogen und ähnlichen Gesellschaften, Exkommunizierte und Interdizierte, urteilsfähige Selbstmörder, im Duell oder an einer Duellwunde Gestorbene, diejenigen, welche die Feuerbestattung für sich bestimmt haben, und andere offenkundige Sünder.

Die anderen religiösen Handlungen sind von mancherlei Art. Besondere Bedeutung haben die Ablässe (can. 911), Heiligenverehrung (can. 1276), Prozessionen (can. 1290), Gelübde und Eid (can. 1307). Selig- und Heiligsprechung (can. 1999). Von Bedeutung für die Kultusverwaltung sind schließlich die der religiösen Erhebung dienenden Heiligen Zeiten (tempora sacra) in Gestalt der Sonntage, Feiertage, Fast- und Abstinenztage (can. 1243ff.).

II. Lehrverwaltung.

Als von Christus gestiftete Heilsanstalt sieht die katholische Kirche in der göttlich geoffenbarten Wahrheit einen ihr anvertrauten Besitz und erkennt die Auslegung und Wahrung dieses heiligen Gutes und seine Verbreitung unter alle Völker als Recht und Pflicht[4]. Der Codex bestimmt darüber: „Christus Dominus fidei depositum Ecclesiae concredidit, ut ipsa, Spiritu Sancto iugiter assistente, doctrinam revelatam sancte custodiret et fideliter exponeret. — Ecclesiae, independenter a qualibet civili potestate, ius est et officium gentes omnes evangelicam doctrinam docendi: hanc vero rite ediscere veramque Dei Ecclesiam amplecti omnes divina lege tenentur“ (can. 1322). Dementsprechend wird diese Wahrheit auf Grund der heiligen Schrift und der Tradition von der Kirche offiziell festgestellt durch päpstliche Entscheidungen „ex cathedra“ oder durch Konzilsbeschlüsse oder durch das ordentliche allgemeine Lehramt: „Fide divina et catholica ea omnia credenda sunt quae verbo Dei scripto vel tradito continentur et ab Ecclesia sive sollemni iudicio

---

[1] Im übrigen ist der Begriff der „res“ im Codex sehr weit gefaßt im Sinn aller Mittel zur Erreichung des Kirchenzwecks: „Res de quibus in hoc libro agitur quaeque totidem media sunt ad ecclesiae finem consequendum, aliae sunt spirituales, aliae temporales, aliae mixtae“ (can. 726).

[2] Can. 1203—1242. Die grundlegende Vorschrift lautet: „Fidelium defunctorum corpora sepelienda sund, reprobata eorundem crematione. — Si quis quovis modo mandaverit ut corpus suum crematur, illicitum est hanc exsequi voluntatem; quae si adiecta fuerit contractui, testamento aut alii cuilibet actui, tanquam non adiecta habeatur“ (can. 1203; dazu can. 1240, § 1 Nr. 5).

[3] Can. 1206 § 1: „Ius est catholicae Ecclesiae possidendi propria coemeteria.“

[4] Ev. Matth. XXVIII, 19; Ev. Mark. XVI, 15, 16; I. Tim. VI, 20; II. Tim. I, 14 und II, 2.

sive ordinario et universali magisterio tanquam divinitus revelata credenda proponuntur" (can. 1323). Dieses Lehramt[1] steht für die ganze Kirche dem Papst zu, für die Diözesen den Bischöfen, die teils selbst, teils durch den ihnen unterstellten Klerus das Wort Gottes verkündigen[2]. Unter diese „divini verbi praedicatio" fallen insbesondere die Katechese, die Predigt und die Volksmission[3]. Die hohen Ziele des Lehramts sollen aber nicht nur in der Kirche selbst, sondern auch in den öffentlichen und privaten Schulen[4] verfolgt werden. Dementsprechend sollen in ihnen Religionsunterricht und Religionslehre obligatorische Unterrichtsfächer sein, und alle Gläubigen sollen von Kindheit an stets so belehrt werden, daß Religion und Moral vorneanstehen[5]. Dieses Ziel wird mit Sicherheit nur in katholisch-konfessionellen Schulen erreicht. Deshalb sollen katholische Kinder grundsätzlich ferngehalten werden von nichtkatholischen, neutralen und simultanen Schulen, die auch Nichtkatholiken zugänglich sind. Unter welchen Voraussetzungen und Sicherungen von diesem Grundsatz abgewichen werden kann, hat der Ordinarius, insbesondere der Residentialbischof zu entscheiden. Da jenem Schulideal die weltlichen Schulen oft nicht entsprechen, behält sich die Kirche das Recht vor, Schulen jeder Art, von den niederen Schulen bis zu den Hochschulen zu errichten[6]. Und auch, wo sie das nicht tut, soll der Religionsunterricht in den Schulen der Autorität und der Aufsicht der Kirche unterstehen, insbesondere haben die Bischöfe und Pfarrer darüber zu wachen, daß in den Schulen ihres Amtsbereichs nichts gegen den katholischen Glauben und die guten Sitten gelehrt wird[7].

Neben dem Schulwesen im allgemeinen ist der Kirche von jeher ein besonderes Anliegen die Heranbildung der Kleriker, ja sie nimmt diesen Unterricht als ihr ausschließliches Recht in Anspruch („Ecclesiae est ius proprium et exclusivum eos instituendi, qui ecclesiasticis ministeriis sese devovere cupiunt" (can. 1352), und betätigt es in Seminarien, die in allen Diözesen eingerichtet sind (can. 1354ff.).

Diese Lehrtätigkeit ist durchweg bestimmt durch die Sätze und den Geist des katholischen Glaubens, und als Sicherung dafür, daß die so erzogenen Kleriker ihr ganzes Wirken und Leben dauernd auf diese Grundlage stellen, verlangt die Kirche von ihnen die feierliche Ablegung des katholischen Glaubensbekennt-

---

[1] Die in ihm betätigte Lehrgewalt („potestas magisterii") ist eine Erscheinungsform der potestas iurisdictionis (oben S. 5).

[2] Can. 1327ff. Grundlegend ist bestimmt: „Munus fidei catholicae praedicandae commissum praecipue est Romano Pontifici pro universa Ecclesia, Episcopis pro suis dioecesibus" (can. 1327). — „Nemini ministerium praedicationis licet exercere, nisi a legitimo Superiore missionem receperit, facultate peculiariter data, vel officio collato, cui ex sacris canonibus praedicandi munus inhaereat" (can. 1328).

[3] Can. 1329—1351. [4] Can. 1372—1383.

[5] Can. 1372 § 1: „Fideles omnes ita sunt a pueritia instituendi ut non solum nihil eis tradatur quod catholicae religioni morumque honestati adversetur, sed praecipuum institutio religiosa ac moralis locum obtineat"; can. 1373: „§ 1. In qualibet elementaria schola pueris pro eorum aetate tradenda est institutio religiosa. § 2. Iuventus quae medias vel superiores scholas frequentat, pleniore religionis doctrina excolatur, et locorum Ordinarii curent ut id fiat per sacerdotes zelo et doctrina praestantes." Dem entspricht auch die Pflicht der Eltern und ihrer Vertreter, für die christliche Erziehung ihrer Pflegebefohlenen zu sorgen (can. 1372 § 2). — Im Einklang damit steht die Vorschrift (can. 1374), daß die katholischen Kinder grundsätzlich d. h. vorbehaltlich der Genehmigung des Ordinarius „scholas acatholicas, neutras, mixtas, quae nempe etiam acatholicis patent", nicht besuchen sollen.

[6] Can. 1375: „Ecclesiae est ius scholas cuiusvis disciplinae non solum elementaria, sed etiam medias et superiores condendi"; can. 1376 § 1: „Canonica constitutio catholicae studiorum Universitatis vel Facultatis Sedi Apostolicae reservatur."

[7] Can. 1381: „§ 1. Religiosa iuventutis institutio in scholis quibuslibet auctoritati et inspectioni Ecclesiae subiicitur. § 2. Ordinariis locorum ius et officium est vigilandi ne in quibusvis scholis sui territorii quidquam contra fidem vel bonos mores tradatur aut fiat. § 3. Eisdem similiter ius est approbandi religionis magistros et libros; itemque, religionis morumque causa, exigendi ut tum magistri tum libri removeantur."

nisses (Professio Catholicae Fidei)[1]: von den Subdiakonatskandidaten hinauf bis zu den Kardinälen und den Teilnehmern an Konzilien und Synoden haben sich die Kleriker mindestens bei Antritt ihres jeweiligen Amtes durch feierlichen Eid auf den von ihrer Kirche formulierten Glauben zu verpflichten. Darüber hinaus hat Pius X. in seinem Kampf gegen den Modernismus noch einen besonderen „Antimodernisteneid" eingeführt, der von Klerikern neben dem allgemeinen Glaubenseid zu leisten ist[2].

Eine besonders zu bekämpfende Gefahr für die so erstrebte Verbreitung und Reinheit des katholischen Glaubens erblickt die Kirche in der ihren Lehren widersprechenden Literatur. Daher sucht sie durch Zensur und Verbot von Büchern und Zeitschriften schädliche literarische Einflüsse von den Gläubigen fernzuhalten[3].

III. Ämterverwaltung.

Der Codex definiert das Kirchenamt erschöpfend so: „Officium ecclesiasticum lato sensu est quodlibet munus quod in spiritualem finem legitime exerceter; stricto autem sensu est munus ordinatione sive divina sive ecclesiastica stabiliter constitutum, ad normam sacrorum canonum conferendum, aliquam saltem secumferens participationem ecclesiasticae potestatis sive ordinis sive iurisdictionis" (can. 145). Innerhalb dieses weiten Amtsbegriffes werden verschiedene Amtsarten unterschieden, je nachdem die Amtsverleihung vom Papst im Konsistorium erfolgt (officia consistorialia oder maiora und non consistorialia oder minora), ob die Verleihung auf Lebenszeit oder nur auf Widerruf gilt (officia inamovibilia oder perpetua und amovibilia oder temporaria), ob sie mit Seelsorge verbunden sind (officia curata und non curata), ob sie nur Weltgeistlichen oder nur Ordensgeistlichen übertragen werden können (officia saecularia und religiosa) u. a. Soweit diese officia mit festen Amtseinkünften verbunden sind, werden sie auch im Anschluß an das einstige Benefizialwesen als beneficia (Präbenden) bezeichnet (can. 1409ff.).

Die Errichtung von Kirchenämtern steht dem Papste zu für officia maiora und andere besonders bestimmte officia (z. B. Kapitelstellen), für Errichtung von officia minora in der Diözese ist der Bischof zuständig. In jedem Falle dürfen Ämter nur errichtet werden, wenn sie finanziell sichergestellt sind (can. 1414ff.). Veränderungen der bestehenden Kirchenämter durch Verschmelzung (unio), Verlegung (translatio), Teilung (divisio), Abspaltung (dismembratio), Wandlung (conversio) oder Aufhebung (suppressio) sollen durch die für die Errichtung zuständigen Organe nur aus wichtigen Gründen erfolgen (can. 1419ff.).

Die erledigten Kirchenämter werden durch Verleihung (provisio canonica) besetzt. Zuständiges Verleihungsorgan ist theoretisch für alle Ämter der Papst. Er kann sich daher neben der ihm ausdrücklich zuerkannten Besetzung einer großen Reihe von Ämtern (Kardinäle, Bischöfe, Nuntien, Konsistorialämter, Kapitelswürden u. a.) auch die Verleihung anderer Ämter vorbehalten (can. 1431). Abgesehen davon, werden die meisten Ämter durch die Bischöfe besetzt. Aber auch

---

[1] Can. 1406—1408. — Die Glaubensformel (Professio Catholicae Fidei) ist dem Text des Codex vorangestellt.

[2] Motuproprio „Sacrorum Antistitum" vom 1. September 1910. Zu leisten ist der Eid von den mit Seelsorge oder mit einem Lehramt betrauten Priestern (Dispensation der katholischen Theologieprofessoren an deutschen Universitäten) und von den Kandidaten der höheren Weihen. Dieses Motuproprio und ebenso die gegen den Modernismus gerichtete Enzyklika „Pascendi dominici gregis" vom 8. September 1907 (Einsetzung eines Diözesan-Überwachungsrates gegen den Modernismus) stehen trotz can. 6 Nr. 6 bis auf weiteres in Kraft gemäß Dekret der Congregatio S. Officii vom 22. März 1918.

[3] Im einzelnen can. 1384—1405, auch can. 247 § 4 (Zuständigkeit der Congregatio S. Officii zur Entscheidung über die Indizierung von Schriften durch Aufnahme in den „Index librorum prohibitorum").

das bischöfliche Verleihungsrecht geht automatisch auf den apostolischen Stuhl über, wenn der Bischof ohne besonderen Grund die Besetzung nicht rechtzeitig vornimmt[1] (devolutio). Die einfachste und grundsätzliche Besetzungsform ist die freie Verleihung („libera collatio"), bei welcher der Besetzungsberechtigte durch freie einseitige Ernennung die Amtsübertragung bewirkt (can. 152—159). Diese freie Amtsverleihung kann dadurch beschränkt sein, daß ein Dritter das Recht hat, die Person des künftigen Amtsträgers durch Vorschlag (praesentatio) oder ähnliche Akte (nominatio, electio, postulatio) zu bestimmen, so daß die Amtsverleihung selbst („collatio nec libera") als Bestätigung (institutio, confirmatio, admissio) erscheint[2]. Eine besonders wichtige Form der Amtsverleihung ist von alters her die Wahl (electio, can. 160—178). Sie ist entweder einfache Wahl (simplex electio), bei der unter Ausschluß eines Bestätigungsrechtes einer anderen Behörde die Besetzung dadurch erfolgt, daß der von der Wahlbehörde Gewählte die Wahl annimmt — so insbesondere die Papstwahl — oder, was die Regel ist, die Wahl bedarf der behördlichen Bestätigung (confirmatio), wie sich das am besten bei den Bischofswahlen zeigt. — Der so oder so in Aussicht genommene Amtsträger muß sich kraft Erfüllung bestimmter Voraussetzungen als tauglich (persona idonea) erweisen und soll würdig sein (persona digna). Allgemeine Voraussetzung für den Erwerb jedes Kirchenamtes ist die Zugehörigkeit zum Klerus gemäß der kategorischen Vorschrift des Codex: „Soli clerici possunt potestatem sive ordinis sive iurisdictionis ecclesiasticae et beneficia ac pensiones ecclesiasticas obtinere" (can. 118), für Seelsorgeämter kommen nur zum Priester geweihte Kleriker (sacerdotes) in Betracht (can. 154). Dazu treten Sondervoraussetzungen wie Alter, Vorbildung u. a. für die Ämter im einzelnen. Diese Tauglichkeit und Würdigkeit ist jeweils durch genaue Untersuchung und Prüfung der Kandidaten festzustellen[3]. — Ist die Verleihung rechtlich einwandfrei, so erfolgt schließlich die Einweisung in das Amt (missio in possessionem, institutio corporalis, installatio, investitura, inthronisatio), und mit ihr erst ist Recht und Pflicht zur Führung der Amtsgeschäfte gegeben.

Die Amtserledigung (amissio officiorum, can. 183—195) erfolgt — abgesehen vom Tod des Amtsträgers und vom Fristablauf — durch ausdrücklichen oder stillschweigenden Verzicht (renunciatio, resignatio, dimissio), Versetzung (translatio) mit Zustimmung des Versetzten oder zwangsweise im Verwaltungsweg oder als Strafe, Tausch (permutatio), Enthebung durch Verwaltungsakt (amotio) oder Absetzung (privatio) kraft Gesetzes oder Strafurteils.

IV. Vermögensverwaltung.

Für die Wahrung ihres Bestandes und die Erfüllung ihres Zwecks bedarf die Kirche Vermögen und Einkünfte. Dementsprechend nimmt sie auch für sich das „natürliche" Recht in Anspruch, selbständig, d. h. unabhängig vom Staat, Vermögen zu erwerben und Eigentum zu haben. Der Codex bestimmt dazu: „Ecclesia catholica et Apostolica Sedes nativum ius habent libere et independenter a civili potestate acquirendi, retinendi et administrandi bona temporalia ad fines sibi proprios prosequendos" (can. 1495). Dieses Kirchenvermögen (bona temporalia, bona ecclesiastica, mit den Unterabteilungen der bona sacra und pretiosa, can. 1497) steht aber rechtlich nicht einfach im Eigentum der Gesamtkirche (Gesamtkirchentheorie), sondern derjenigen juristischen Person, die es rechtmäßig erworben hat

[1] Dieses Recht der „Collatio extraordinaria" vermöge Devolution kann entsprechend praktisch werden im Verhältnis des Patronatsherrn zum Bischof oder des Bischofs zum Erzbischof.

[2] So besonders beim Patronat (oben S. 39).

[3] Vgl. z. B. can. 459, sowie den Informativ- und Definitivprozeß bei der Bischofswahl (oben § 8). — In diesen Fällen der „collatio nec libera" entsteht auf Grund recht- und ordnungsgemäßer praesentatio oder nominatio oder electio ein ius ad rem, d. h. ein subjektives Recht auf Amtsverleihung.

(Institutentheorie, can. 1499 § 2). Solche vermögensfähigen Personen sind neben der Gesamtkirche und dem apostolischen Stuhl auch die Einzelkirchen und alle mit kirchlicher Rechtspersönlichkeit ausgestatteten Verbände und Anstalten (Bistümer, Kapitel, bischöfliche Kurie, Kathedrale, Pfründen, Orden, Kongregationen, Stiftungen u. a.). Immerhin ist diese Vermögensgliederung überwölbt durch die Oberaufsicht des Hl. Stuhles und durch das allgemeine Verfügungsrecht des Papstes (can. 1499 § 2, can. 1518: „Romanus Pontifex est omnium bonorum ecclesiasticorum supremus administrator et dispensator“). Und abgesehen davon, ist die Eigentumsfreiheit weithin insofern beschränkt, als über die meist durch Konsekration oder Benediktion geweihten „res sacrae“ nur ohne Störung ihrer geistlichen Zweckgebundenheit verfügt werden darf.

Dementsprechend ist der Papst[1] die höchste Instanz für die Verwaltung des Kirchenvermögens. Unter ihm haben die Bischöfe das Kirchenvermögen in ihren Diözesen teils selbst zu verwalten im Zusammenwirken mit dem Domkapitel, teils die anderen Organen zustehende Verwaltung (Kollegiatkapitel, Kirchenrektoren, Pfarrer u. a.) zu überwachen (can. 1519). Zur Durchführung dieser Aufgabe ist in jeder Diözese ein teils beratender, teils beschließender Diözesanverwaltungsrat (dioecesanum Consilium administrationis) zu bestellen, bestehend aus dem Bischof als Vorsitzendem und zwei oder mehreren sachkundigen Beisitzern (can. 1520). Außerdem hat der Bischof für die Verwaltung von Vermögen ohne gesetzliche oder stiftungsmäßige Verwalter geeignete Männer zu berufen (can. 1521). Praktisch stellt sich die Vermögensverwaltung sehr verschieden dar, je nach dem Vermögensbestand, der in Frage steht. In dieser Beziehung läßt sich innerhalb des Kirchenvermögens eine Dreiteilung durchführen in Pfründenvermögen (bona beneficii oder mensae), das stiftungsmäßig mit Kirchenämtern verbunden ist und dessen Ertrag zum Unterhalt der Amtsinhaber dient; in Kirchenfabrikvermögen (bona fabricae), aus dessen Ertrag die Kosten des Unterhalts der Kirchengebäude und des Kultus bestritten werden, und in Kirchenstiftungsvermögen (bona piarum causarum) zur Erfüllung bestimmter Stiftungszwecke[2].

Die Speisung dieses Kirchenvermögens erfolgt auf Grund verschiedenartiger Möglichkeiten und Rechtstitel. Diese entstammen entweder dem weltlichen Privatrecht, indem die Vermögensträger als juristische Personen zivilrechtliche Erwerbsarten betätigen[3], oder sie sind kirchenrechtlicher Natur gemäß kirchlichem Sonderrecht. Dieses kennt insbesondere die Kirchensteuern (exactiones), Gebühren und Taxen (taxae, tributa)[4], Zehnten- (decimae) und Erstlingsfrüchte (primitiae), Samm-

[1] Zuständige Behörden in der römischen Kurie sind die Congregatio Concilii und die Camera Apostolica.

[2] Über die Führung dieser Vermögensverwaltung im einzelnen, insbesondere über Kirchengutveräußerung und -belastung, Schenkungen, Verpachtungen, Darlehen vgl. can. 1522—1543. Im Verhältnis zum bürgerlichen Rechte ist bemerkenswert can. 1529: „Quae ius civile in territorio statuit de contractibus tam in genere, quam in specie, sive nominatis sive innominatis, et de solutionibus, eadem iure canonico in materia ecclesiastica iisdem cum effectibus serventur, nisi iuri divino contraria sint aut aliud iure canonico caveatur.“ — Über die Stellung des Staates zum kirchlichen Vermögen und seiner Verwaltung s. oben § 4.

[3] Dementsprechend ist maßgebend das staatliche Zivilrecht, auf das auch der Codex selbst verweist (can. 1499: „Ecclesia acquirere bona temporalia potest omnibus iustis modis iuris sive naturalis sive positivi, quibus id aliis licet“). Beachte aber die Sondervorschriften des Codex über Ersitzung und Verjährung (can. 1508ff.) und über das Testament (can. 1518ff.; grundlegend can. 1513: „§ 1. Qui ex iure naturae et ecclesiastico libere valet de suis bonis statuere, potest ad causas pias, sive per actum inter vivos sive per actum mortis causa, bona relinquere. § 2. In ultimis voluntatibus in bonum ecclesiae serventur, si fieri possit, sollemnitates iuris civilis; hae si omissae fuerint, heredes moneantur ut testatoris voluntatem adimpleant“).

[4] Sie werden von der römischen Kurie bis zu den Pfarrern herab für verschiedene Akte und Leistungen der Kirche verlangt. Besonders hervorzuheben sind die Stolgebühren (can. 1507), die Abgaben an den Papst (Annaten bei Besetzung höherer Kirchenämter, Palliengelder bei Verleihung des Palliums an die Erzbischöfe) und an die Bischöfe („seminaristicum“ can. 1355 und 1356.

lungen (collectae), Opfer (oblationes), Peterspfennig u. ä. Das Recht, die Kirchenangehörigen zu finanziellen Leistungen in Gestalt öffentlicher Abgaben rechtlich zu verpflichten, nimmt die Kirche als ein natürliches und selbständiges Recht für sich in Anspruch: „Ecclesiae ius quoque est, independens a civili potestate, exigendi a fidelibus quae ad cultum divinum, ad honestam clericorum aliorumque ministrorum sustentationem et ad reliquos fines sibi proprios sint necessaria" (can. 1496). Dazu treten die finanziellen Leistungen des Staates[1].

„cathedraticum" can. 1504, Abgaben anläßlich der „fundatio vel consecratio beneficiorum aliorumque institutorum ecclesiasticorum" can. 1506 u. a.).

[1] Darüber und über die Stellungnahme des Staates zum Abgabenrecht der Kirche oben § 4.

Dritter Teil.

Die evangelische Kirche.

Erster Abschnitt.

Die Verfassung der Kirche.

§ 16. Entstehung und Ausbau.

Die Reformation, die zur Bildung des evangelischen Kirchenwesens geführt hat, ist schweren inneren Nöten und Kämpfen entsprungen, sie stammt aus der Tiefe des deutschen Gemüts. Und eben vermöge dieser Innerlichkeit und der Berufung auf Selbstverantwortung und Gewissen hat sie mehr erreicht als die vielen Kämpfe, die von ihr aus politischen, staatsrechtlichen, wirtschaftlichen und wissenschaftlichen Gründen gegen die katholische Kirche geführt worden sind. Diese spielten zwar bald neben dem rein Religiösen als dem Wesentlichen auch ihre Rolle, besonders mußte angesichts der überlieferten Verkettung von Glauben und Recht die Reformation alsbald hinübergreifen in das Gebiet der Kirchenverfassung und des übrigen kirchlichen Rechtes überhaupt. Die Stellung der Reformatoren zu ihm hat ihren sinnfälligen Ausdruck gefunden in der öffentlichen Verbrennung des Corpus iuris canonici durch Luther (1520): es war die feierliche Absage an das machtvolle kanonische Recht und damit an das kirchliche Recht im ganzen[1]. Aus dieser grundsätzlichen Ablehnung ward dann die Gleichgültigkeit gegen das Recht. Und auch diese Stellung zum Kirchenrecht war religiös begründet im theologischen Kirchenbegriff der Reformatoren. Nicht sichtbare rechtliche Organisation war sein Inhalt, sondern unsichtbare geistliche Verbindung im Sinne innerer Glaubensgemeinschaft aller wahrhaften Anhänger der wahren christlichen Lehre („societas fidei et spiritus sancti in cordibus"), ohne Form und Rechtsordnung, überall dort vorhanden, wo Menschen das Evangelium, den Geist Gottes und Christi als ihr Lebensgesetz anerkennen[2]. Aber diese Idealkirche konnte nicht standhalten gegenüber der Unvollkommenheit der Menschen und der Macht der Tatsachen. Täuferbewegung und Bauernaufstand brachten peinliche Ernüchterung, und die Gemeinden erwiesen sich als unfähig. Es zeigte sich, daß der Zweck der evangelischen Kirche, die „Predigt des wahren Evangeliums und die rechte Verwaltung der Sakramente",

---

[1] Bei der Begründung seines Vorgehens sagt Luther in seiner Schrift „An den christlichen Adel deutscher Nation": „Es wäre gut, daß das geistliche Recht vom ersten Buchstaben bis an den letzten würde zu Grund ausgetilgt."

[2] S. auch o. § 1 über den Kirchenbegriff der Reformatoren und insbesondere über die tatsächliche Ausprägung der „unsichtbaren Kirche" in Wort und Sakrament. Dazu Confessio Augustana Art. 7: „Est autem ecclesia congregatio Sanctorum, in qua evangelium recte docetur et recte administrantur sacramenta. Et ad veram unitatem ecclesiae satis est consentire de doctrina evangelii et administratione sacramentorum"; ferner Apologia confessionis Art. 4 Nr. 5: „Ecclesia non est tantum societas externarum rerum ac rituum, sicut aliae politiae, sed principaliter est societas fidei et Spiritus Sancti in cordibus, quae tamen habet externas notas, ut agnosci possit, videlicet puram Evangelii doctrinam et administrationem Sacramentorum consentaneam Evangelio Christi."

ohne äußere Ordnung, will sagen ohne Rechtsordnung, nicht erfüllt werden konnte[1]. Da bot der geschichtlich gegebene Zusammenhang der Reformation mit den deutschen Territorien[2] als natürliche Lösung die Ordnung und Leitung des evangelischen Kirchenwesens durch die Territorialfürsten, durch die Landesherren, vermöge dessen die Landesherren das innere und äußere Leben ihrer evangelischen Kirchen beherrschten. Die Landesherren wurden die Herren über die Kirche und in der Kirche („Landesherrliches Kirchenregiment"). Das entsprach auch dem Wesen des damaligen Polizeistaates mit seinem allumfassenden Zweck der Fürsorge für das irdische und ewige Heil der Bürger und seiner konfessionellen Abschließung durch die Verpflichtung der Bürger auf eine Staatsreligion („cuius regio eius religio")[3].

Diese zunächst tatsächliche Gestaltung erhielt ihre Rechtsgrundlage durch den Reichstag von Speyer (1526)[4], den Augsburger Religionsfrieden (1555)[5] und den Westfälischen Frieden (1648)[6]. Auch an Rechtfertigungslehren fehlte es nicht. Sei es, daß man die Landesherren als die natürlichen Nachfolger der katholischen Bischöfe erklärte, sei es, daß man ihnen in ihrer Eigenschaft als vornehmste Glieder der Kirche (praecipua membra ecclesiae) oder kraft der ihnen zugesprochenen „custodia utriusque tabulae" (der Sorge für das Weltliche und Geistliche) die Ordnung und Leitung der Kirche zuerkannte, sei es, daß dem Landesherrn als solchem das Kirchenregiment zugesprochen wurde in der Meinung, dieses sei rechtlich ein Teil der Landeshoheit überhaupt („Territorialismus"). Mochte man diese oder jene Erklärung wählen, jedenfalls wurde der gegebene Tatbestand des landesherrlichen Kirchenregiments allgemein anerkannt.

Die Landesherren betätigten ihr Kirchenregiment organisatorisch und praktisch in der Durchführung der Kirchenvisitationen, in der Einsetzung von Visitationskommissionen und in der Bestellung von Superintendenten (Dekanen, Pröpsten, Inspektoren) zur Beaufsichtigung der Geistlichen. Schon seit 1539 traten mehr und mehr an Stelle jener Kommissionen festorganisierte Staatsbehörden in Gestalt der Konsistorien. Sie bestanden aus Theologen und Juristen und wurden — nach teilweiser Beschränkung auf Rechtsprechung in Ehe- und Disziplinarsachen — die Träger der Kirchenverwaltung. Unter ihnen und über den Superintendenten wurden außerdem in der Organisation der größeren Kirchen die Generalsuperintendenten als obere Aufsichtsorgane eingefügt. So entstand die „Konsistorialverfassung". Sie war bis in die neueste Zeit die typische Verfassung der lutherischen Kirche. Dabei blieb für Unterschiede im einzelnen reichlich Raum. So lag bei der größten Kirche, der altpreußischen, das Kirchenregiment in den Händen des Landesherrn, des Evangelischen Oberkirchenrates, der Provinzial-

---

[1] Auch Luther hat gelegentlich betont: „Wir müssen äußeres Recht haben, damit nicht alles untergehe, es ist nicht eingesetzt, daß es uns in den Himmel bringe, sondern daß wir nicht tiefer in die Hölle geraten."

[2] Im Gegensatz zum Reich, für das der Kaiser — im Anschluß an den kirchlichen Bann (Bulle „Exsurge domine des Papstes Leo X von 1520) gegen Luther — die Reichsacht über diesen verhängte und Luthers Lehre und Schriften verbot (Wormser Edikt von 1521).

[3] Schon im 15. Jahrhundert gilt das Sprichwort: „Dux Cliviae est papa in territoriis suis". Der Landesherr als „summus episcopus", daher auch „Summepiskopat" der Landesherren.

[4] Er hat die Durchführung des Wormser Ediktes (S. 59, Anm. 2) in das Ermessen der Landesherren gestellt. Gegen die Widerrufung dieses Beschlusses durch den zweiten Reichstag von Speyer (1529) erhoben die evangelischen Reichsstände Protest und gaben damit den Anlaß zur Bezeichnung der Evangelischen als „Protestanten".

[5] Er gewährte den lutherischen Landesherren die Religionsfreiheit und die rechtliche Gleichstellung mit den katholischen Landesherren. Von Religionsfreiheit der Untertanen ist nicht die Rede. Sie hatten sich — vorbehaltlich des Auswanderungsrechtes — nach der Religion des Landesherren zu richten gemäß dem Satze „cuius regio, eius religio" und dem „ius reformandi" der Landesherren.

[6] In ihm wird der Augsburger Religionsfriede anerkannt und auch für die Reformierten rechtsgültig erklärt. Für die räumliche Erstreckung und die Religionsfreiheit der Konfessionen wird das Jahr 1624 als maßgebendes Unterscheidungsjahr (annus decretionis) bestimmt.

konsistorien und der Superintendenten; in den meisten Kirchen standen dagegen als Regimentsbehörden unter dem Landesherrn nur ein Konsistorium (vereinzelt auch Oberkirchenrat genannt) und Superintendenten; einzelne Kirchen schoben als besondere Instanz zwischen Superintendenten und Konsistorium die Generalsuperintendenten, und einige andere besaßen unter einem Oberkonsistorium noch ein Konsistorium oder zwei Konsistorien.

In diesem Rahmen hat sich freilich der Charakter der Verfassung im Laufe der Zeit erheblich geändert. Mit der Überwindung des Polizeistaates vollzog sich unter Führung naturrechtlicher Gedanken eine Unterscheidung des Staatlichen und Kirchlichen. Es kam die Erkenntnis, die Kirche sei keine Staatsanstalt, sondern ein Verband mit einer von der Staatsgewalt zu unterscheidenden Verbandsgewalt. Diese Richtung fand ihre theoretische Grundlage im „Kollegialsystem", das die Kirche als Kollegium faßte und die diesem Verein als Vereinsgewalt zustehenden „iura collegia" unterschied von den aus der Überordnung des Staates über die Vereine sich ergebenden staatlichen „iura maiestica". Als rechtlicher Ertrag ergab sich theoretisch die Trennung der vom Staat zu normierenden Kirchenhoheit („iura circa sacra") als einer Seite der Staatsgewalt und des von der Kirche zu regelnden Kirchenregiments („iura in sacra") als einer der Kirche selbst zustehenden Kirchengewalt. So wurde der Landesherr im Verhältnis zur evangelischen Kirche Träger von Staats- und Kirchengewalt. Im übrigen mußten die Organe für die Betätigung der Kirchenhoheit als staatliche, die für die Führung des Kirchenregiments als kirchliche betrachtet werden. Die Umsetzung dieser folgerichtigen Theorie in das geltende Recht ist im 19. Jahrhundert freilich nur allmählich und mehr oder weniger rein erreicht worden. — Zu dieser Anerkennung der eigenen Kirchengewalt der Kirche trat in der zweiten Hälfte des letzten Jahrhunderts eine grundlegende Neuerung in ihrer Organisation. Der im Landesherrn verkörperte Absolutismus ward nach dem Vorbild des konstitutionellen Staates beseitigt durch die Einführung einer Vertretung des Kirchenvolkes in Form der Landessynode, an deren Mitwirkung der Landesherr bei Gesetzgebung und wichtigen Verwaltungsakten gebunden wurde. Im Unter- und Mittelbau der Kirchen (Gemeinden und Kreise) wurden Selbstverwaltungsorgane in Gestalt von Gemeindevorständen, Gemeindevertretungen und Kreissynoden eingerichtet. Die theoretische Wegleitung gab auch hier das Kollegialsystem, das praktische Vorbild bot sich in der reformierten Kirchenverfassung. Diese war in der Schweiz entstanden unter der Leitung von Zwingli (1484—1531)[1] und Calvin (1509—1564) und kam in der Prägung Calvins nach Deutschland. Hier entstand, besonders am Niederrhein, eine Reihe reformierter Gemeinden, die Calvins Kirchenverfassung zum Vorbild hatten. Das Wesentliche dieser Verfassung bestand darin, daß Calvin vier nebengeordnete Kirchenämter schuf: die „Pasteurs" (Lehr- und Sakramentsverwaltung), die — später beseitigten — „Docteurs" (Auslegung der Bibel und Wahrung ihrer Lehren), die „Anciens" (Kirchenzucht) und die „Diacres" (Armenpflege). Pastoren, Älteste und Diakone bilden als Presbyterium das leitende Gemeindeorgan, und über den Gemeinden erhebt sich die aus Geistlichen und Laien bestehende Diözesansynode, an die sich nach oben — je nach der Größe des Bereichs — eine Provinzial- und eine Landessynode schließen kann. Es ist die „Presbyterial-Synodalverfassung". Sie hat in Deutschland ihren reinen Niederschlag erhalten in der reformierten Rheinisch-Westfälischen Kirchenordnung von 1835. Im übrigen wurde von den lutherischen Kirchen die Einrichtung von Presbyterien und Synoden insoweit aufgenommen, als sich die Aufnahme mit dem Bestehen des landesherrlichen Kirchenregi-

[1] Die Zwinglianische Kirche war — entsprechend der lutherischen — obrigkeitlich verfaßte Staatskirche. Auch die Lehre Zwinglis entsprach im wesentlichen der Lehre Luthers. Die Scheidung beider entstand durch die verschiedene Auffassung des Abendmahls (Marburger Religionsgespräch 1529).

ments vereinbar erwies. — Über diese verfassungsrechtliche Annäherung zwischen lutherischer und reformierter Kirchenverfassung hinaus gingen noch die nach dem Vorbilde Preußens seit 1817 geschaffenen „Unionen" in Gestalt von mehr oder weniger durchgeführten lutherisch-reformierten Kultus- und Verwaltungsgemeinschaften („unierte" Kirchen). Schließlich ist durch die Revolution von 1918 der grundlegende Unterschied zwischen lutherischer Konsistorialverfassung und reformierter Presbyterial-Synodalverfassung, das landesherrliche Kirchenregiment gefallen, so daß bei der Schaffung der heute geltenden Kirchenverfassungen die Synoden und Gemeinden zu voller Bedeutung kommen konnten.

Auf dem Grund dieses neuen Verfassungsrechtes stehen nun die neunundzwanzig evangelischen Kirchen Deutschlands. Es sind: die „Evangelische Kirche der altpreußischen Union" (einschließlich Danzig und Memelgebiet), die „evangelisch-lutherischen" Kirchen der Provinz Hannover, Provinz Schleswig-Holstein, von Sachsen, Bayern rechts des Rheines, Hamburg, Mecklenburg-Schwerin, Mecklenburg-Strelitz, Braunschweig, Oldenburg, Lübeck, Reuß ä. L., Schaumburg-Lippe und in der Provinz Lübeck (Oldenburg); die „evangelisch-protestantische" Kirche in Baden; die „evangelisch-reformierten" Kirchen der Provinz Hannover und Bayerns rechts des Rheins; die evangelischen Kirchen in Württemberg, Thüringen, Hessen, Anhalt, Bremen, Frankfurt a. M., Hessen-Kassel, Nassau, Lippe, Waldeck und Pyrmont, Birkenfeld, die „protestantisch-evangelisch-christliche" Kirche der Pfalz[1].

Diese Kirchen stehen entsprechend der ganzen geschichtlichen Entwicklung selbständig nebeneinander. Die begreiflichen Bestrebungen eines engeren Zusammenschlusses hatten nur bescheidene Erfolge. Es wurde — neben allgemeinen Kirchentagen (1848—1872) — ein Organ zu gemeinsamer Besprechung von Verfassungs-, Kultus- und Disziplinfragen geschaffen in Gestalt der „Eisenacher Konferenz" (1852), zu der Vertreter der Kirchen alle zwei Jahre zusammentraten. Größere Bedeutung erlangte der 1903 ins Leben gerufene „Deutsche Evangelische Kirchenausschuß", bestehend aus 15 Kirchenvertretern, die sich jedes Jahr versammeln sollen. Aber auch er war nur ein gemeinsames Organ der Kirchen nach Art eines Gesandtenkongresses, und seine Beschlüsse wurden daher für die einzelne Kirche nur verbindlich kraft Zustimmung ihrer Kirchenregierung. Um so lebhafter erhob sich im Zusammenhang mit der Schaffung des neuen Verfassungsrechtes das Verlangen nach einer festeren Verbindung der Kirchen. So erfolgte zunächst 1919 eine Erneuerung der Kirchentage, und dann wurde 1921 geschaffen der „Deutsche Evangelische Kirchenbund".

§ 17. Die Gemeinden und Kreise.

I. Die Gemeinde erscheint geschichtlich, rechtlich und religiös als Grundlage und Lebenskraft der evangelischen Kirche, sie trägt den Bau der Kirchenverfassung, sie ist der Hort evangelischer Glaubensgemeinschaft[2]. Die rechtliche Bedeutung der Gemeinde wird noch dadurch besonders klar, daß die Gemeindeangehörigkeit in den meisten Kirchen Voraussetzung ist für die Kirchenangehörigkeit, und daß die kirchlichen Rechte und Pflichten des Einzelnen ihre Quelle grundsätzlich in

---

[1] Die verschiedenen Namen der Kirchen bezeichnen das Bekenntnis ihrer Mitglieder. Das weiteste Ausmaß haben dabei die „evangelischen" Kirchen, die allgemein auf den evangelischen Glauben abstellen.

[2] Vgl. etwa Art. 4: „1. Die Kirche baut sich aus der Gemeinde auf. 2. Die Kirche soll auf allen Stufen ihres Aufbaus der Gemeinde dienen und die in dieser lebendigen Kräfte des Glaubens, der Liebe und der Zucht zusammenfassen. 3. Die Kirchengemeinde hat als Gemeinschaft des Gottesdienstes, der Seelsorge und der Liebestätigkeit entsprechend dem reformatorischen Grundsatze vom allgemeinen Priestertume der Gläubigen den Beruf, evangelischen Glauben und christliches Leben zu wecken und zu pflegen. 4. Die Gemeinde hat an dem inneren und äußeren Aufbau der Kirche mitzuwirken und den Zusammenhang mit ihr zu pflegen."

der Gemeinde haben. Diese Gemeinden sind Gebietskörperschaften („Ortsgemeinden“)[1], es sind die zu juristischen Personen des privaten und öffentlichen Rechtes zusammengefaßten, innerhalb des Gemeindegebiets lebenden evangelischen Christen. Sie haben, ähnlich den weltlichen Gemeinden, das Recht der Selbstverwaltung und der Selbstgesetzgebung (autonome Selbstverwaltungskörper)[2] und üben auf dieser Grundlage mannigfaltige Befugnisse, von der allgemeinen Fürsorge für das religiös-sittliche Leben und für das Wirken der Kirche bis zu Kirchenzucht, Finanzverwaltung und Kirchenregiment. So ist die evangelische Kirchengemeinde — in schroffem Unterschied von der katholischen — nicht einfach Objekt der Kirchengewalt, sondern in erster Linie und wesentlich Subjekt kirchlicher Befugnisse[3]. Die durch den Zusammenschluß der Gemeinden zur Landeskirche bedingte Ein- und Unterordnung der Gemeinde steht erst in zweiter Linie. — Die Veränderung von Gemeinden und die Bildung neuer Gemeinden bedarf — abgesehen von der staatlichen Genehmigung (Preuß. Staatsgesetz vom 8. April 1924 Art. 4) — der Anhörung der Betroffenen (Gemeindemitglieder, Gemeindebehörden) und kirchenregimentlicher, synodaler, u. U. auch kirchengerichtlicher Mitwirkung.

Das Wirken der Gemeinde erfolgt durch die G e m e i n d e b e h ö r d e n in Verbindung mit dem Pfarrer[4]. Als solche Behörden bestehen in den meisten Kirchen unter verschiedenen Namen zwei oder drei, nur einige wenige Kirchen begnügen sich mit einer einzigen Behörde. Die überall wiederkehrende, jeder Gemeinde unentbehrliche Behörde führt die laufenden Geschäfte und vertritt die Gemeinde; sie sei hier über die verschiedenen Namen[5] hinweg als G e m e i n d e v o r s t a n d benannt. Dieser Vorstand

[1] Als untergeordnete Ausnahmen können auch „Personalgemeinden“ bestehen (insbesondere reformierte Gemeinden, Militärgemeinden, Anstaltsgemeinden), die nicht das Wohnen innerhalb eines bestimmten Bereiches, sondern eine rein persönlich begründete Zusammengehörigkeit als Grundlage haben (Art. 9).

[2] Art. 8: „1. Die Gemeinden verwalten ihre Angelegenheiten innerhalb der gesetzlichen Grenzen selbst. 2. Sie haben die kirchliche Versorgung der Gemeindemitglieder sicherzustellen und hierfür die erforderlichen Mittel aufzubringen.“ Dazu im einzelnen Art. 22 (diese Seite, Fußnote 3). Vgl. auch die Kirchenordnung für die evangelischen Gemeinden der Provinz Westfalen und der Rheinprovinz von 1923 §§ 2, 5; die Kirchenverfassungen der hessischen (§ 5), hannoveranischen (ev.-luth., Art. 9), badischen (§ 6) Kirche.

[3] Der Gegensatz des katholischen und evangelischen Kirchenbegriffs wirkt sich in der Kirchengemeinde klar und notwendig aus: dort die katholische „Parochie“ als kirchlich-anstaltlicher Verwaltungsbezirk, hier die evangelische Gemeinde als Genossenschaft.

[4] Art. 22: „1. Die Gemeindekörperschaften haben die Aufgabe, in Unterstützung der pfarramtlichen Tätigkeit das kirchliche, sittliche und soziale Wohl der Gemeinde und ihrer Glieder zu fördern. 2. Sie haben insbesondere christliche Gesinnung und Sitte durch eigenes Vorbild sowie durch Anwendung aller geeigneten Mittel zu wecken und zu pflegen, auf die Heiligung der Sonn- und Feiertage Bedacht zu nehmen, für die Einrichtung und Ausgestaltung der Gottesdienste zu sorgen und die von ihren Mitgliedern in diesen zu leistenden Dienste zu regeln, für die christliche Erziehung und Unterweisung der Jugend und für die Interessen der Gemeinde in bezug auf die Schulen ihres Bereichs einzutreten, sich der Armen, Kranken sowie der Schutz- und Hilfsbedürftigen anzunehmen und die im Gemeindebezirk tätigen kirchlichen Vereine und Anstalten zu fördern, auf die Pflege der christlichen Kunst, vor allem der geistlichen Musik in Kirche und Haus hinzuwirken. 3. Die Gemeindekörperschaften haben Anregungen aus der Gemeinde entgegenzunehmen und sorgfältig zu erwägen. Ein besonderes Anliegen soll ihnen sein, alle Schichten der Gemeindeglieder zur Teilnahme an den Gottesdiensten und den Aufgaben der Gemeinde anzuregen und alle in der Gemeinde vorhandenen Gaben und Kräfte fruchtbar zu machen.“

[5] Gemeindekirchenrat, Kirchengemeinderat, Kirchenvorstand, Presbyterium, Kirchengemeindevorstand, Geschäftsführender Ausschuß, Beede. — Seine Zuständigkeit wird in Art. 23 so bestimmt: „1. Der Gemeindekirchenrat hat in der Selbstverwaltung der Gemeinde die Leitung und ist für ihre Ausübung sowie für die Aufrechterhaltung der kirchlichen Ordnung verantwortlich. 2. Er hat insbesondere die Beschlüsse der Gemeindevertretung vorzubereiten und auszuführen, die Erledigung einer Pfarrstelle dem Superintendenten anzuzeigen und bis zur vorläufigen Regelung der Pfarrverwaltung die erforderlichen Maßnahmen zur Sicherung und Erhaltung des Pfarrvermögens zu treffen, die Wählerliste zu führen und die Wahl vorzubereiten, die Stellen von Kirchengemeindebeamten und Angestellten, soweit nicht Rechte Dritter entgegen-

besteht aus 4—12 Mitgliedern (Vorsteher, Älteste); er versammelt sich in der Regel einmal monatlich, sein Vorsitzender ist meist der Pfarrer[1]. Die in der Regel für 6 Jahre erfolgende Bestellung des Gemeindevorstandes geschieht vereinzelt durch Wahl der Gemeindeangehörigen, meist steht die Wahl einer anderen Gemeindebehörde zu. Das ist die Gemeindevertretung[2]. Im Verhältnis zum geschäftsführenden Vorstand erscheint sie als eine Art beschließender Gemeindevolksvertretung, die 12—100 Mitglieder haben kann und in der Regel für 6 Jahre von den Gemeindeangehörigen gewählt wird. Dementsprechend ist die Gemeindevertretung wesentlich für Maßnahmen von weittragender Bedeutung zuständig[3], und ihre Beschlüsse sind für den Gemeindevorstand verbindlich. — Über diesen beiden Behörden erhebt sich in etlichen Kirchen[4] noch eine dritte, die Gemeindeversammlung, will sagen die Versammlung der Gemeindeangehörigen selbst. Diese Gemeindeversammlung tritt meist einmal im Jahre zusammen. Sie kann auf Grund des vom Gemeindevorstand vorzulegenden Geschäftsberichts jede Seite des

---

stehen zu besetzen,, auch ihre Dienstführung zu regeln und zu beaufsichtigen, und zwar wo besondere Fachausbildung in Frage kommt, unter Zuziehung von Sachverständigen, Hilfskräfte aus der Gemeinde für die Pflege des kirchlichen Gemeindelebens zu gewinnen, das Kirchenvermögen einschließlich der kirchlichen Stiftungen in der Gemeinde, die nicht satzungsgemäß eigene Vorstände haben, nach einer vom Kirchensenat zu erlassenden Verwaltungsordnung zu verwalten, ebenso das Pfründenvermögen, soweit nicht das Recht der jeweiligen Inhaber entgegensteht, Kirchenkollekten für die Bedürfnisse der Gemeinde in den Grenzen eines vom Kirchensenat aufzustellenden Planes zu veranstalten, die Gemeinde gerichtlich und außergerichtlich zu vertreten." Art. 24: „1. Der Gemeindekirchenrat hat die für eine geordnete Seelsorge erforderlichen Maßnahmen zu treffen sowie bei Übung der Kirchenzucht und bei Aufnahme oder Wiederaufnahme in die Gemeinde mitzuwirken, soweit es die kirchliche Ordnung vorsieht. 2. Der Gemeindekirchenrat soll dem Pfarrer bei der Führung des geistlichen Amtes nach Kräften behilflich sein und ihn gegen ungerechtfertigte Angriffe in Schutz nehmen. Er hat das Recht und die Pflicht, dem Pfarrer Wünsche aus der Gemeinde für seine geistliche Amtsführung zu übermitteln. Er soll etwaige Verstöße der Geistlichen und der übrigen Mitglieder der Gemeindekörperschaften in seinem Schoße zur Sprache bringen; bedarf es weiterer Veranlassung, so hat er lediglich der zuständigen Stelle Anzeige zu machen." Gemäß Art. 25 hat der Gemeindekirchenrat außerdem das Entscheidungsrecht über die Einräumung der kirchlichen Gebäude zu gottesdienstlichen Handlungen evangelischer Vereinigungen und zu nichtgottesdienstlichen Veranstaltungen.

[1] Die Gemeindepfarrer sind meist von Amts wegen Mitglieder des Vorstandes. Wirken mehrere Pfarrer in einer Gemeinde, so steht der Vorsitz dem Dienstältesten unter ihnen zu oder er wechselt alle zwei oder drei Jahre entsprechend dem Dienstalter. Vereinzelt sind weltliche Mitglieder des Vorstandes als Vorsitzende zugelassen (Hessen, Baden, Lübeck, Hamburg). In Hamburg hat der Gemeindevorstand („Beede") überhaupt nur Nichtgeistliche als Mitglieder. — Vgl. auch Art. 22, 26, 27.

[2] Auch sie wird in den verschiedenen Kirchen verschieden bezeichnet und heißt Gemeindevertretung, Kirchengemeindevertretung, Kirchenvertretung, Kirchenrat, Gemeindekirchenrat, Kirchengemeinderat, Kirchengemeindeausschuß, Kirchenvorstand. — Art. 26ff. (Gemeindevertretung).

[3] Insbesondere für die Betätigung der Selbstgesetzgebung durch Satzungen, für die Beschlüsse über die Finanzgebahrung der Gemeinde, für die Mitwirkung der Gemeinde bei der Pfarrberufung usw. — Art. 26: „1. Die Gemeindevertretung hat die Rechte der Gemeinde bei Besetzung von Pfarrstellen wahrzunehmen. 2. Sie hat die Haushaltpläne für die kirchlichen Kassen festzustellen und die Jahresrechnungen abzunehmen. 3. Sie hat zu beschließen über Aufstellung von Gemeindesatzungen, Ausschreibung von Gemeindeumlagen und Erhebung von Kirchensteuern nach Maßgabe der allgemeinen Bestimmungen, Einführung oder Veränderung von Gebührenordnungen, Anstellung gerichtlicher Klagen, soweit sie nicht durch Gesetz der selbständigen Entschließung des Gemeindekirchenrats überlassen sind, Verzicht auf Rechte der Gemeinden und Abschluß von Vergleichen, Verwaltung des Kirchenvermögens in den durch Gesetz oder Verordnung vorgeschriebenen Fällen." Art. 27: „1. Die Gemeindevertretung beschließt über die ihr vom Gemeindekirchenrat zur Beratung vorgelegten Gegenstände; ihre Beschlüsse sind für den Gemeindekirchenrat bindend. 2. Die Gemeindevertretung kann Anträge an den Gemeindekirchenrat stellen und über ihre Erledigung Auskunft fordern. 3. Auf ihr Verlangen ist ihr über einen Gegenstand, der zu ihrer Zuständigkeit gehört, eine Vorlage zu machen."

[4] So z. B. in der altpreußischen Kirche, in Bayern, Baden, Hessen, Sachsen, Thüringen, Mecklenburg-Schwerin, Hamburg.

kirchlichen Lebens, der religiösen, sittlichen und wirtschaftlichen Lage der Kirchengemeinde zu öffentlicher Besprechung stellen und durch ihre Beschlüsse die Gemeindetätigkeit in maßgebender Weise bestimmen[1].

II. Eine Mehrzahl von Kirchengemeinden bildet zusammen je einen Kirchenkreis (Kirchenbezirk, Dekanat, Kreiskirchenverband, Bezirkskirchenverband, Propstei, Inspektion, Klasse)[2]. Die Größe des Kreises und die Zahl seiner Gemeinden sind verschieden; über die Abgrenzung entscheiden geschichtliche Entwicklung und Erwägungen der Zweckmäßigkeit. Diese Kreise sind als Gemeindeverbände — wie die Gemeinden selbst — öffentlich-rechtliche Körperschaften mit Selbstverwaltung und Selbstgesetzgebung. Sie sind aber nicht nur Selbstverwaltungskörper, sondern stellen zugleich Verwaltungsbezirke der Kirche dar. Als solche werden sie geleitet von einem Superintendenten (Dekan, Kreispfarrer, Kreisoberpfarrer, Oberpfarrer, Kirchenrat, Propst)[3]. Dieser betätigt aber nicht nur die Kreisverwaltung der Kirche, sondern verbindet mit ihr die Selbstverwaltung der Kirche, indem er auch den Vorsitz in den Selbstverwaltungsbehörden der Kreise führt. Solche Selbstverwaltungsbehörden sind die Kreissynode[4] (Bezirkssynode, Kreiskirchentag, Bezirkskirchentag, Klassenversammlung, Dekanatstag, Konvent, Propsteitag) und der Kreissynodalvorstand[5] (Bezirkskirchenrat, Bezirkssynodalausschuß, Bezirkskirchenausschuß, Kreiskirchenausschuß, Kreiskirchenrat). Die Synode besteht aus den im Amt stehenden Pfarrern des Kreises und aus Laien, die in einer nach Größe und Zahl der Gemeinden verschieden abgestuften Zahl von den Gemeindevertretungen gewählt werden[6]. Die Synode tritt zu bestimmten Zeiten, meist jährlich einmal zusammen. Ihr Beruf ist die Führung der wichtigsten Selbstverwaltungsgeschäfte, so daß sie formalrechtlich und praktisch die bedeutendste Kirchenbehörde des Kreises ist. Ihr Geschäftskreis ist typisch bestimmt in der Vorschrift: „Die Kreissynode ist dazu berufen, das gesamte Kirchenwesen des Kreises zu pflegen und zu überwachen, den Gemeinden Anregungen zur Erfüllung ihrer Aufgaben zu geben, sie darin zu fördern und von sich aus gemeinsame Arbeit in Angriff zu nehmen[7]." Dem-

---

[1] Art. 22 Abs. 4: „Zu diesem Zwecke haben die Gemeindekörperschaften alljährlich mindestens einmal die wahlberechtigten Gemeindemitglieder zu einer Gemeindeversammlung zu berufen, in der ein Arbeitsbericht des Gemeindekirchenrats zur Besprechung kommt und Wünsche geäußert oder Anregungen gegeben werden können."

[2] Art. 60, 61 (Kirchenkreis).

[3] Art. 77: „1. Der Superintendent hat die Pflicht, das kirchliche Leben des Kirchenkreises zu fördern, als Beauftragter der Kirche die kirchliche Aufsicht auszuüben und die Pfarrer amtsbrüderlich zu beraten. 2. Er hat insbesondere die kirchliche Ordnung im Kirchenkreis aufrecht zu erhalten, für Ausführung der Verwaltungsmaßnahmen des Konsistoriums zu sorgen und bei vorübergehenden Störungen der kirchlichen Verwaltung einstweilen selbst das Erforderliche zu veranlassen, die Wahl der Pfarrer zu leiten und sie in ihr Amt einzuführen, die Aufsicht über Amtsführung, Wandel und Fortbildung der Pfarrer und Kandidaten zu üben, Visitationen nach Maßgabe der für die Kirchenprovinz zu erlassenden Visitationsordnung abzuhalten, im Auftrage der Kirche und auf Anweisung des Generalsuperintendenten zu ordinieren, an den vom Generalsuperintendenten zu veranstaltenden Besprechungen (Art. 101 Abs. 2 Ziff. 7) teil zunehmen."

[4] Art. 62—72. [5] Art. 73—76. [6] Art. 63.

[7] Art. 62 Abs. 1. Im einzelnen bestimmt dazu dieser Artikel in Abs. 2 und 3, die Kreissynode habe insbesondere und ferner auf die Beseitigung kirchlicher, sittlicher und sozialer Mißstände innerhalb des Kreises hinzuwirken, der christlichen Erziehung der Jugend in Kirche, Schule und Haus sich anzunehmen, für die Pflege kirchlicher Sitte und Ordnung im Kirchenkreise Sorge zu tragen, die evangelische Liebesarbeit im Kirchenkreise zu fördern und zu vertreten, die Vorlagen ihres Vorstandes, des Provinzialkirchenrats und des Konsistoriums zu erledigen, über die Anträge der Gemeinden zu beschließen und deren Rechnungswesen zu beaufsichtigen, die Haushaltspläne für die Kassen des Kirchenkreises aufzustellen und die Jahresrechnungen abzunehmen, die Umlagen für die Kirche, die Kirchenprovinz und den Kirchenkreis auszuschreiben, über Bürgschaften und Anleihen des Kreissynodalverbandes und über die Veranstaltung von Kirchenkollekten zu beschließen, die Grundsätze für die Verwaltung besonderer Einrichtungen und Anstalten des Kreissynodalverbandes aufzustellen und die Durchführung der allgemeinen kirchlichen Grundsätze über die Anstellung und Amtsbezeichnungen der Beamten des Kreissynodalverbandes zu regeln.

gegenüber tritt der Kreissynodalvorstand an Bedeutung in den Hintergrund. Er besteht in der Regel aus dem Superintendenten als Voristzendem und 4 weiteren Mitgliedern, welche die Synode aus ihrer Mitte wählt. Die Geschäfte dieses Vorstandes bestehen in der Führung der laufenden Verwaltung des Kreises, insbesondere in der Vorbereitung der Synode, in der Ausführung ihrer Beschlüsse, in der Unterstützung des Vorsitzenden bei der Leitung der Synode und in der Vertretung des Kreises[1].

Im Unterschied von den anderen Kirchen kennt die altpreußische Kirche zwischen den Kreisen und der Kirchenregierung noch die Zwischenstufe der aus mehreren Kreisen bestehenden Kirchenprovinzen[2]. Sie sind entsprechend den Kreisen öffentlich-rechtliche Körperschaften mit Selbstverwaltung und zugleich Verwaltungsbezirke der Kirche. Als Selbstverwaltungsbehörden bestehen Provinzialsynode[3] und Provinzialkirchenrat[4], die kirchliche Bezirksverwaltung besorgen der Generalsuperintendent[5] und das Konsistorium[6].

§ 18. Die Kirchenregierung.

Die Gemeinden und Kreise[7] sind rechtlich zusammengefaßt zur Landeskirche. Die höchste Gewalt in ihr ruht bei der Landessynode, (Generalsynode, Landeskirchentag, Kirchentag, Landeskirchenversammlung, Synode). Sie ist in allen deutschen Kirchen der Träger des Kirchenregiments. Diesem Vorrang entspricht, daß der Landessynode die kirchliche Gesetzgebung und der Erlaß wichtiger Verwaltungsakte, wie Feststellung des Haushaltsplanes, Besetzung der höchsten Verwaltungsstellen, Oberaufsicht über die Kirchenverwaltung, anvertraut ist[8]. Insofern steht die Landessynode in der Kirche auf einer Linie mit dem Parlament in der Republik.

---

[1] Art. 73, 74. [2] Art. 81—108.

[3] Art. 83 Abs. 1: „Die Provinzialsynode ist berufen, im Zusammenwirken mit den Generalsuperintendenten und dem Konsistorium das gesamte kirchliche Leben der Kirchenprovinz zu pflegen und zu fördern und über der äußeren kirchlichen Ordnung im Rahmen des kirchlichen Rechtes zu wachen." Im einzelnen vgl. Art. 83 Abs. 2—4; dazu Art. 84, der die Provinzialsynode für zuständig erklärt, vom Kirchensenat zu bestätigende kirchliche Provinzialgesetze zu beschließen.

[4] Art. 95: „Der Provinzialkirchenrat führt die laufende Verwaltung des Provinzialsynodalverbandes" (im einzelnen s. Art. 95 Abs. 2—5); Art. 96 Abs. 1: „Der Provinzialkirchenrat ist zugleich berufen, das Konsistorium in der Erfüllung der ihm obliegenden Aufgaben der allgemeinen kirchlichen Verwaltung zu beraten und zu fördern" (vgl. dazu noch Abs. 2 und 3).

[5] Art. 100 Abs. 1: „Die geistliche Leitung der Kirchenprovinzen liegt den Generalsuperintendenten ob"; Art. 101 Abs. 1: „Die Generalsuperintendenten haben das Gesamtleben der Kirchenprovinz zu beobachten, auf seinen Aufbau im Sinne der Kirche hinzuwirken und Angriffe gegen die Kirche abzuwehren. Sie sollen das christliche Leben in den Gemeinden und Kirchenkreisen pflegen und fördern sowie über der gottesdienstlichen Ordnung wachen." Über ihre Aufgaben im einzelnen s. Art. 101 Abs. 2.

[6] Art. 103: „1. Die Geschäfte der allgemeinen kirchlichen Verwaltung in der Kirchenprovinz werden, soweit sie nicht durch diese Verfassung oder durch Kirchengesetz anderen Stellen überwiesen sind, unter Aufsicht des Oberkirchenrats vom Konsistorium geführt. 2. Sie umfassen insbesondere die Aufsicht über die Gemeinden und die Kirchenkreise sowie, unbeschadet des Art. 101 Abs. 1 und 2 (Zuständigkeit des Generalsuperintendenten), die Dienstaufsicht über die Geistlichen, Kandidaten und Gemeindebeamten der Kirchenprovinz."

[7] Dazu die Kirchenprovinzen in der Kirche der altpreußischen Union.

[8] Art. 109: „1. Die Generalsynode ist berufen, dem äußeren und inneren Aufbau der Kirche und ihrer Erhaltung und Ausgestaltung als Volkskirche auf dem Grunde des evangelischen Bekenntnisses zu dienen. Sie soll die Gemeinden und die Geistlichen zur Gemeinschaft des Glaubens, der Liebe und der Arbeit verbinden. 2. Sie hat auf die Beseitigung kirchlicher, sittlicher und sozialer Mißstände hinzuwirken, nötigenfalls durch Anträge an Behörden und Körperschaften oder durch öffentliche Kundgebungen. Sie kann auch aus anderen Anlässen Kundgebungen erlassen und Ansprachen an die Gemeinden richten. 3. Sie soll die Selbsttätigkeit der Gemeinden, Kreis- und Provinzialsynodalverbände anregen, ihrer Selbständigkeit weitherzig und vertrauensvoll die Grenzen ziehen und sie in diesen Grenzen schützen. Sie soll aber auch die Einheit der Kirche gegen auflösende Bestrebungen aller Art wahren." — Art. 110: „Die Generalsynode erläßt die Kirchengesetze, übt das kirchliche Steuerrecht aus und stellt allgemeine Grundsätze für die kirchliche Verwaltung auf." Vgl. dazu noch Art. 111 über die Zuständigkeit der General-

Dem entspricht auch ihre Bestellung. Die Mitglieder werden meist für 6 Jahre[1] vom stimmberechtigten Kirchenvolk[2] gewählt kraft allgemeinen und gleichen Wahlrechts, in unmittelbarer geheimer Wahl und in Anwendung des Verhältniswahlverfahrens. Dazu treten in mehreren Kirchen einzelne Mitglieder, die vom Kirchenregiment ernannt oder von evangelisch-theologischen Fakultäten abgeordnet werden oder kraft ihres Kirchenamtes der Synode angehören[3]. Die Zahl der Synodalen schwankt je nach der Größe der Kirchen und der kirchenpolitischen Wertung der Synodalverfassung. Dem Grundgedanken dieser Verfassung entsprechend besteht die Synode aus weltlichen und geistlichen Mitgliedern und haben die weltlichen Mitglieder die Mehrheit. — Während die Synode nicht tagt[4], werden ihre Geschäfte. die Vorbereitung und Durchführung ihrer Beschlüsse, meist durch einen von ihr gewählten Synodalausschuß versehen (auch Landessynodalausschuß, ständiger Ausschuß, Landeskirchenausschuß, ständiger Synodalausschuß, Synodalvorstand, Vorstand der Landeskirchenversammlung, Kirchentagsvorstand). Er besteht in der Regel aus 5—7 Mitgliedern, darunter als Vorsitzender meist der Präsident der Synode. Seine Geschäfte besorgt der Synodalausschuß entweder allein oder — besonders bei Angelegenheiten von weittragender Bedeutung — im Zusammenwirken mit der obersten Kirchenregimentsbehörde.

Unter der Synode wird die Kirchenregierung in einer Reihe von Kirchen durch kollegiale Kirchenregimentsbehörden geführt (Kirchensenat, Kirchenregierung, Landeskirchenausschuß, Landeskirchenvorstand, Landeskirchenregierung, Kirchenausschuß, Kirchenrat)[5]. Sie haben im wesentlichen die Geschäfte, die den Inhalt der bisher vom Landesherrn betätigten Kirchenregierung ausmachten, so besonders die Einberufung und Auflösung der Synode, das Begnadigungsrecht in Diszi-

---

synode im besonderen (Wahrung der Reinheit der evangelischen Lehre, der Rechte der Kirche' ihrer Verfassung, Gesetze und Ordnungen, Förderung der evangelischen Liebestätigkeit, Feststellung der Haushaltpläne der Kirche, Abnahme der Jahresrechnungen, Beschlußfassung über Bürgschaften und Anleihen der Kirche und über regelmäßig wiederkehrende Kirchenkollekten, Bestimmung der Grundsätze für die Anstellung der Beamten der Kirche, ihrer Verbände und Gemeinden).

[1] In Abweichung davon beträgt die Wahlperiode in der altpreußischen Kirche 4 Jahre, in Hannover (ev.-luth.) 3 Jahre, in Hamburg 5 Jahre.

[2] In einigen Kirchen ist die Wahl zur Synode nicht dem Kirchenvolk, sondern den Gemeindevertretungen (Hessen, Sachsen) oder den Provinzialsynoden (altpreußische Kirche) anvertraut, in einigen anderen (Mecklenburg-Schwerin und -Strelitz) werden geistliche Synodalen von Geistlichen gewählt, vereinzelt (altpreußische Kirche) sind auch Vereine, Anstalten, Lehrerschaften und Kirchengemeindebeamte als Wahlorgane anerkannt.

[3] Gemäß Art. 117 besteht die Generalsynode außer den von den Provinzialsynoden und von der Hohenzollerschen Kreissynode gewählten Mitgliedern aus den Generalsuperintendenten und den Präsiden der Provinzialsynoden, aus Vertretern der evangelisch-theologischen Fakultäten der Universitäten im Kirchengebiete, aus 15 weiteren von evangelischen Verbänden, Vereinen, Anstalten, Religionslehrern und Kirchengemeindebeamten gewählten Mitgliedern, aus 5 vom Kirchensenat berufenen Mitgliedern und Mitgliedern aus den außerpreußischen Teilen der Kirche. Vgl. dazu im einzelnen Art. 118ff., 165.

[4] Sie wird — abgesehen von außerordentlichen Tagungen — in bestimmten Zeiträumen (ein- oder zweimal jährlich, oder alle zwei oder drei Jahre, in der altpreußischen Kirche nur alle vier Jahre) einberufen.

[5] So z. B. in der altpreußischen Kirche, in Hannover (ev.-ref.), Schleswig-Holstein, Hessen-Kassel, Nassau, Württemberg, Sachsen, Baden, Hessen, Pfalz, Braunschweig. — Für die altpreußische Landeskirche sind maßgebend Art. 126—130. Der grundlegende Artikel 126 bestimmt in Abs. 1: „Der Kirchensenat hat die Kirche nach der Verfassung, den Kirchengesetzen und den von der Generalsynode aufgestellten Grundsätzen zu leiten. Auf ihn gehen, soweit nichts anderes bestimmt ist, die Befugnisse über, die nach bisherigem Rechte dem König als Träger des landesherrlichen Kirchenregiments zustanden.“ Über seine Aufgaben im besonderen s. Art. 126 Abs. 2, 127 (Prüfung der Legitimation der Synodalen, Ausführung der Beschlüsse der Generalsynode, Erlaß von Ausführungsverordnungen zu Kirchengesetzen, Ausübung der Disziplinargewalt über die Kirchenbeamten, Wahl des Präsidenten, Vizepräsidenten und der Mitglieder des Oberkirchenrates, der Generalsuperintendenten, der Konsistorialpräsidenten und der Mitglieder der Konsistorien, Erlaß von Notverordnungen.)

plinarsachen, die Oberaufsicht, die Ernennung zu den höchsten Verwaltungsämtern, den Erlaß von Notverordnungen. Die Größe und Zusammensetzung dieser Kirchenregimentsbehörde ist in den einzelnen Kirchen verschieden; während sie z. B. in Württemberg nur aus dem Kirchenpräsidenten, dem Präsidenten und einem Mitglied des Landeskirchentags besteht, wird sie in der altpreußischen Kirche gebildet aus dem Präsis der Generalsynode und seinen beiden Stellvertretern, den Vorsitzenden der Provinzialkirchenräte, 10 weiteren von der Generalsynode gewählten Mitgliedern, dem Präsidenten und Vizepräsidenten, sowie einem geistlichen und einem weltlichen Mitglied des Oberkirchenrats und den Vorsitzenden der Konsistorien. Von wesentlicher Bedeutung ist die Regel, daß die Mehrheit oder wenigstens ein erheblicher Teil der Mitglieder der Kirchenregimentsbehörde der Synode angehört. — In einigen Kirchen wird der Vorsitzende der Kirchenregimentsbehörde nach Stellung und Titel besonders herausgehoben im Sinn eines Präsidenten der Kirche als solcher (Kirchenpräsident, Landesbischof, Prälat, Landesoberpfarrer)[1]. Er wird von der Synode auf Lebenszeit gewählt. Wählbar sind meist Geistliche und Laien, in einigen Kirchen nur Geistliche. Dieser Kirchenpräsident hat neben seinen Aufgaben in der Kirchenregimentsbehörde hauptsächlich die Vertretung der Kirche nach außen, die Ausfertigung und Verkündigung der Gesetze, Ernennung von Geistlichen und Kirchenbeamten u. a.[2].

Unter der Kirchenregimentsbehörde werden die laufenden Verwaltungsgeschäfte in höchster Instanz besorgt von einer weiteren Kollegialbehörde, dem Kirchenrat (auch Oberkirchenrat, Landeskirchenrat, Landeskirchenamt, Landeskonsistorium, Konsistorium)[3]. Seine Zuständigkeit ist zwar in den einzelnen Kirchen verschieden bestimmt, im wesentlichen entspricht sie aber der des früheren Konsistoriums. Die Berufung der Mitglieder des Kirchenrats ist in der Regel Sache der Kirchenregimentsbehörde, wo sie fehlt, der Synode. Dagegen wird der Vorsitzende und sein Vertreter von der Landessynode gewählt, soweit keine Sondervorschriften bestehen.

§ 19. Die Superintendenten und die Pfarrer.

1. Der Superintendent (Dekan, Oberpfarrer, Kreispfarrer, Kreisoberpfarrer, Kirchenrat, Propst) steht als Geistlicher auf der gleichen Stufe wie der Pfarrer, da die evangelische Kirche nur ein einziges geistliches Amt kennt, dagegen ist er in der Kirchenverwaltung typisches Mittelorgan zwischen Kirchenregierung und Pfarrer. Dem Superintendenten liegt — z. T. im Zusammenwirken mit dem Kreissyndolvorstand — für den Bereich des Kirchenkreises ob die Aufsicht über die Geistlichkeit, Leitung der Pfarrwahlen, Ordination, Einführung und Beratung der Pfarrer, Sorge für die Fortbildung der Pfarrer (Pfarrkonferenzen), Berichterstattung an die Kirchenregierung[4]. Die Bestellung des Superintendenten ist ver-

[1] So in Sachsen, Nassau, Hannover (ev.-luth.), Schleswig-Holstein, Mecklenburg-Schwerin, Pfalz, Württemberg, Baden, Hessen, Thüringen, Hessen-Kassel, Braunschweig.

[2] Wo nur Geistliche wählbar sind, ist besonders ihre Tätigkeit der geistlichen Führung der Kirche betont (vgl. z. B. die Verfassung der evangelisch-lutherischen Landeskirche Hannover Art. 99ff.).

[3] Art. 131ff. Art. 131 bestimmt: „Der Evangelische Oberkirchenrat leitet und verwaltet die inneren und äußeren Angelegenheiten der Kirche nach Maßgabe der Verfassung, der kirchlichen Gesetze und der vom Kirchensenat in den Grenzen seiner Zuständigkeit gegebenen Anweisungen. Er ist in allen Fällen einschließlich der kirchlichen Aufsicht zuständig, in denen nichts anderes vorgeschrieben ist oder wird." — In einigen Kirchen, so in Hannover, in der altpreußischen Kirche für die Kirchenprovinzen (s. o. § 17) bestehen noch neben und unter dem Kirchenrat „Generalsuperintendenten", in Württemberg „Prälaten", als Mittelinstanz für die geistliche Leitung.

[4] Art. 77—80. Art. 77: „Der Superintendent hat die Pflicht, das kirchliche Leben des Kirchenkreises zu fördern, als Beauftragter der Kirche die kirchliche Aufsicht auszuüben und die Pfarrer amtsbrüderlich zu beraten." Vgl. dazu Abs. 2 über seine Aufgaben im einzelnen (Aufrechterhaltung der kirchlichen Ordnung im Kirchenkreis, Sorge für Ausführung der Verwaltungsmaßnahmen des Konsistoriums, Veranlassung des Erforderlichen bei vorübergehenden

schieden geregelt; sie erfolgt in den meisten Kirchen für 6 Jahre durch Wahl der Pfarrer oder Gemeindebehörden oder des Kreiskirchentags, die der Bestätigung der Kirchenregierung bedarf[1].

2. Wie die Kirchengemeinde die Grundlage der Kirche darstellt, so ist der dieser Gemeinde wesentliche Pfarrer (Pastor, Geistlicher, Prediger) das rechtlich notwendige Organ für die Erfüllung der geistlichen Aufgaben der Kirche. Diese könnten zwar kraft des „allgemeinen Priestertums“ von allen Gemeinde- und Kirchengenossen erledigt werden, aber ihre Erledigung ist der Ordnung wegen den hierzu berufenen und ausgebildeten Pfarrern anvertraut[2]. — Die Berufung erfolgt durch die Ordination. Sie ist eine nichtsakramentale heilige Handlung, die dem Ordinierten nicht, wie in der katholischen Kirche, übernatürliche Fähigkeiten vermittelt, sondern die ihn lediglich für die Versehung eines Pfarramtes befähigt und ermächtigt erklärt. Die Bezugnahme auf ein bestimmtes Pfarramt ist nicht erforderlich, und wenn auch die Ordination meist im Zusammenhange mit der Übertragung eines bestimmten Amtes erfolgt, hat sie doch Allgemeingültigkeit innerhalb der betreffenden Kirche. Überdies ist der Eintritt ordinierter Pfarrer oder anstellungsfähiger Kandidaten in den Dienst einer anderen evangelischen Kirche meist unter gewissen Voraussetzungen möglich[3]. Die Ordinationshandlung vollzieht sich der maßgebenden Agende entsprechend in bestimmten feierlichen Formen und wird in der Regel — meist unter Zuziehung zweier Pfarrer — von Geistlichen vorgenommen, die mit Regimentsübung betraut sind (Bischof, Generalsuperintendent, Kreisdekan, Dekan). Einen besonderen Teil des Ordinationsaktes bildet das Ordinationsgelübde des zu Ordinierenden. Seine Fassung ist in den einzelnen Kirchen verschieden. Der zu Ordinierende hat sich für seine Amtstätigkeit teils nur allgemein auf die Bibel und das Bekenntnis seiner Kirche und Gemeinde, teils noch besonders auf die evangelischen Bekenntnisschriften, vorweg auf das Apostolicum, zu verpflichten. Die meisten Kirchenverfassungen haben auf eine verfassungsrechtliche Festlegung dieser Lehrverpflichtung verzichtet und enthalten nur allgemeine Erklärungen, wie: „Die Kirche erwartet von dem Pfarrer, daß er das Wort Gottes, wie es in der Heiligen Schrift des Alten und Neuen Testaments verfaßt ist, nach dem Bekenntnis der Kirche und dem Bekenntnisstande seiner Gemeinde verkündigt, die Sakramente nach der Ordnung der Kirche verwaltet, der Gemeinde mit einem christlichen

---

Störungen der Kirchenverwaltung, Leitung der Pfarrwahl und Einführung der Pfarrer in ihr Amt, Aufsicht über Amtsführung, Wandel und Fortbildung der Pfarrer und Kandidaten, Abhaltung der Visitationen, Vornahme von Ordinationen, Teilnahme an den vom Generalsuperintendenten zu veranstaltenden Besprechungen). Dazu tritt die Tätigkeit des Superintendenten als Leiter der Selbstverwaltung der Kirchenkreise (oben S. 64). — Eigenartig ist in der hessischen Kirche (Verfassung Art. 118) das unter dem Vorsitz des Prälaten stehende Kollegium der Superintendenten.

[1] In der altpreußischen Kirche wird der Superintendent vom Provinzialkirchenrat auf Vorschlag des Generalsuperintendenten ernannt. Dieser hat zuvor die in einem dauernd errichteten Gemeindepfarramte des Kirchenkreises fest angestellten Geistlichen und den Kreissynodalvorstand zu hören. Ergibt die Anhörung den Widerspruch von mehr als zwei Dritteln der Befragten, so gilt der Vorschlag als beseitigt. Die Ernennung bedarf der Bestätigung durch den Kirchensenat. Dieser kann auch ausnahmsweise aus allgemeinen kirchlichen Gründen eine erledigte Superintendentur nach Anhörung des Provinzialkirchenrats besetzen (Art. 78).

[2] Confessio Augustana Art. 5: „Ut hanc fidem consequamur, institutum est ministerium docendi evangelii et porrigendi sacramenta.“ Art. 14: „De ordine ecclesiastico docent, quod nemo debeat in ecclesia publice docere aut sacramenta administrare nisi rite vocatus.“ — Beachte aber andererseits Verfassung der altpreußischen Kirche Art. 56, wonach in einer Gemeinde, der die Anstellung ausreichender pfarramtlicher Kräfte nicht möglich ist, gewisse Gemeindebeamte (Gemeindediakone u. a.) mit pfarramtlichen Geschäften betraut, und wonach befähigte und bewährte Gemeindeglieder durch Kirchengesetz zur Wortverkündigung zugelassen werden können; ähnliche Vorschriften finden sich in anderen Kirchenverfassungen, s. etwa die Hessische § 53, die Schleswig-Holsteinische § 52.

[3] Vgl. etwa altpreußisches Kirchengesetz betr. die Vorbildung und Anstellungsfähigkeit der Geistlichen vom 5. Mai 1927; Verfassung der Pfälzischen Landeskirche § 18, 19.

Lebenswandel voranleuchtet und überall den Ernst und die Würde seines Amtes wahrt"[1]. Dagegen legen einige Kirchenverfassungen (Anhalt, Frankfurt, Hessen) den Wortlaut des Gelübdes fest. So bestimmt die Verfassung der evangelischen Kirche in Frankfurt a. M.: „Die Landeskirche fordert von ihren Pfarrern, daß sie das geistliche Amt nach ihrem Pfarrgelübde führen." Das bei der ersten feierlichen Einführung in ein Pfarramt abzulegende Gelübde lautet: „Ich gelobe vor Gott und dieser christlichen Gemeinde, daß ich das Evangelium von der freien Gnade Gottes in Jesu Christo, unserm Herrn, dem Heiland und Erlöser der Welt, von unsern Vätern bezeugt in der Reformation, auf Grund des Wortes Gottes in der heiligen Schrift ohne Menschenfurcht und Menschengefälligkeit treulich und fleißig verkünden, die heiligen Sakramente nach der kirchlichen Ordnung verwalten, meine Gaben und Kräfte dem Dienst der Landeskirche weihen und in allen Stücken mich zeigen will als einen treuen Diener meines Herrn Jesus Christus. So wahr mir Gott helfe!"[2] — Die vom Ordinanden zu erfüllenden Voraussetzungen für die Ordination stimmen in den Kirchen im wesentlichen überein. Es wird allgemein verlangt deutsche Staatsangehörigkeit, männliches Geschlecht, evangelisches Bekenntnis, Zurücklegung des 25. Altersjahrs, wissenschaftliche Ausbildung durch ein mindestens sechssemestriges Theologiestudium an einer deutschen Universität und Bestehen zweier durch mindestens zweijährigen Vorbereitungsdienst getrennter theologischer Prüfungen, Nichtvorliegen körperlicher oder geistiger, die Amtsübung störender Mängel, Reifezeugnis eines deutschen Gymnasiums[3].

Die Pfarrer sind Beamte der Kirche, nicht der Gemeinde. Ihre Rechte und Pflichten bestehen somit letzten Endes gegenüber der Kirche, wenn auch zunächst das Verhältnis zur Gemeinde im Vordergrund steht. Die pfarrherrlichen Pflichten entsprechen sich in den einzelnen Kirchen. Die Verfassung der altpreußischen Kirche sagt darüber: „Der berufsmäßige Dienst am Wort und Sakrament und damit die geistliche Führung der Gemeinde steht dem Pfarrer als dem Träger des geistlichen Amtes zu.... Seine Amtspflichten bestehen in der Leitung des öffentlichen Gottesdienstes nach der Ordnung der Kirche, in den geistlichen Amtshandlungen, der Seelsorge, dem Konfirmandenunterricht und der christlichen Unterweisung und Pflege der Jugend" (Art. 42)[4]. Dazu kommt noch insbesondere die Pflicht zur Mitwirkung in der Gemeindeselbstverwaltung (oben S. 62), die Beaufsichtigung der Kirchengemeindeangestellten, die Führung der Kirchenbücher und Pfarregister, die Residenzpflicht, die Pflicht zur Wahrung des Amts- und Beichtgeheimnisses, die Pflicht zu wissenschaftlich-theologischer Fortbildung[5]. Die Auf-

---

[1] Art. 42 Abs. 2. Vgl. auch die Kirchenverfassungen in Baden § 50, Hessen § 11 Abs. 3, Schleswig-Holstein § 51, Bayern r. d. Rh. (ev.-luth.) Art. 8.

[2] Ebenso die Anhaltische Kirchenverfassung § 22. Gemäß der Hessischen Kirchenverfassung (§ 57) lautet das Ordinationsgelübde: „Ich erkenne wohl, daß es ein schwer Amt ist, das ich antreten will; da ich aber ordentlich dazu berufen bin und mich auf die gnädige Hilfe Gottes, die er allen seinen berufenen Dienern zusagt, und auf das Gebet der allgemeinen christlichen Kirche gänzlich verlasse, so gelobe und verheiße ich allhier vor dem Angesicht Gottes und der christlichen Gemeinde alles, was mein Amt erfordert, nach allem meinem Vermögen mit Gottes Hilfe treulich zu leisten und zu verrichten."

[3] So erklärt das erwähnte Preußische Kirchengesetz betr. die Vorbildung und Anstellungsfähigkeit der Geistlichen von 1927 für anstellungsfähig jeden evangelischen Deutschen (zu beschränkter Betätigung auch Vikarinnen), der 25 Jahre alt (mögl. Dispens), sittlich unbescholten, geistig gesund und frei von solchen körperlichen Gebrechen ist, welche die Ausübung des Amtes hindern, und der die Befähigung zur Verwaltung des geistlichen Amtes nachgewiesen hat. Dieser Nachweis wird durch Ablegung von zwei theologischen Prüfungen geführt. Der ersten Prüfung muß ein ordnungsmäßiges Universitätsstudium der evangelischen Theologie von mindestens 8 Semestern vorangehen. Zwischen der ersten und zweiten Prüfung muß eine Vorbereitungszeit von zwei Jahren liegen.

[4] Vgl. etwa auch die Kirchenverfassung in der Pfalz § 20, in Baden § 51, Hessen § 58.

[5] Der Erfüllung dieser von den evangelischen Kirchen besonders betonten Verpflichtung dienen hauptsächlich die Pfarrkonferenzen, die meist mindestens einmal jährlich vom Superinten-

sicht über die Pflichterfüllung steht den Regimentsorganen (Dekan, Superintendent, Kirchenregimentsbehörde) zu, dagegen besteht der Gemeinde gegenüber keine dienstliche Unterordnung des Pfarrers, soweit er nicht Geschäfte der Gemeindeverwaltung besorgt[1]. — Diesen Pflichten entsprechen als Gegenstück die Rechte des Pfarrers. Im Mittelpunkt steht das Recht auf Besoldung[2], Ruhegehalt und Hinterbliebenenfürsorge; weiter das Recht auf Befreiung vom Amtszwang und von kirchlichen Abgaben, das Zeugnisverweigerungsrecht, das Recht auf Beschränkung der Zwangsvollstreckung und auf besonderen Strafschutz, das Recht auf Übertritt in den Ruhestand mit Ruhegehalt bei Erreichung eines vorgeschriebenen Alters oder bei Dienstuntauglichkeit.

Im Falle der Behinderung oder Überlastung werden die Pfarrer durch Gehilfen (Amtsverweser, Pfarrvikare, Vikar, Vikarin, Diakon, Diakonisse, Hilfsprediger u. a.) vertreten oder unterstützt. — Die durch das Kirchenwesen, insbesondere den Gottesdienst bedingten nichtgeistlichen Dienste von untergeordneter Bedeutung werden durch Organisten, Kantoren, Küster, Mesmer u. a. besorgt, die teils in einem öffentlich-rechtlichen Dienstverhältnis zur Kirchengemeinde stehen, also Kirchengemeindebeamte sind, teils nur auf Grund privatrechtlicher Dienstverträge tätig werden[3].

§ 20. Richterliche Behörden.

Die Betätigung ihrer in sehr beschränktem Maße geübten Rechtsprechung[4] vertrauen die Kirchen bestimmten richterlichen Behörden an. Bei dieser Gerichtsorganisation ist wegen der verhältnismäßig geringen Bedeutung der evangelisch-kirchlichen Gerichtsbarkeit vielfach die Trennung von Justiz und Verwaltung nicht durchgeführt, sondern es sind Verwaltungsorgane als richterliche Behörden zuständig erklärt. Diese sind entweder vorhandene Regimentsbehörden oder aus Mitgliedern solcher zusammengesetzte Kollegien. In mehreren Kirchen ist dagegen bestimmt, daß wenigstens in der zweiten Instanz keine Verwaltungsbehörde, sondern ein unabhängiges Kirchengericht entscheiden solle[5]. Einige Kirchen sind auf dem Weg zur Trennung von Justiz und Verwaltung weiter gegangen, indem sie vorschreiben, die Richter dürfen keiner anderen Kirchenbehörde angehören[6], oder indem sie zwar Mitglieder von Verwaltungsbehörden als Richter zulassen, aber den Gerichtsbehörden die richterliche Unabhängigkeit zusprechen, so daß sie der Landessynode und der Kirchenregimentsbehörde selbständig gegenüberstehen und nur den

---

denten einzuberufen und von den Geistlichen seines Kreises zu besuchen sind. So bestimmt Art. 79: „Die Gemeindepfarrer und Hilfsprediger werden zur Förderung der wissenschaftlichen Fortbildung sowie zur Aussprache über Frfahrungen und Bedürfnisse des Amtes vom Superintendenten mindestens einmal jährlich zusammenberufen. Die Teilnahme ist pflichtmäßig. Die Kosten trägt der Kreissynodalverband.

[1] So bestimmt z. B. die Verfassung der Hannoveranischen Kirche (ev.-luth.) in Art. 10 Abs. 4: „Die Geistlichen sind in ihrer persönlichen Amtstätigkeit, was Lehre, Seelsorge, Verwaltung der Sakramente und die übrigen heiligen Handlungen betrifft, vom Kirchenvorstande unabhängig.“ Ähnlich die Schleswig-Holsteinische Kirchenverfassung § 53 Abs. 1. — Vereinzelt sind auch Pfarrorganisationen kraft einer Art von Selbstverwaltung mit Aufsichtsführung betraut, so in Hamburg („Ministerium“ der Stadtpfarrer, „Geistliche Kollegien“ der Geistlichen der Landkreise), Lübeck („Geistliches Ministerium“). Vgl. auch die mit den Kirchenbehörden amtlich zusammenwirkenden Pfarrverbände wie die „Pfarrerschaft“ in Frankfurt, der „Landespfarrerausschuß“ in Nassau, der „Pfarrbeirat“ in Württemberg, der „Pfarrerausschuß“ in Hannover (ev.-ref. Kirche).

[2] Dazu meist freie Dienstwohnung und vereinzelt noch Gebühren für Vornahme gewisser Amtshandlungen („Stolgebühren“).

[3] Art. 54ff. Dazu das Kirchengesetz vom 10. Mai 1927.

[4] S. u. § 23.

[5] So in Hessen-Kassel, Frankfurt, Sachsen, Braunschweig, Mecklenburg-Strelitz. — In Schleswig-Holstein (Kirchenverfassung § 167) ist die Regelung umgekehrt, indem über dem Kirchengericht als erster Instanz die Kirchenregierung als zweite Instanz entscheidet.

[6] So Anhalt, Hannover (ev.-ref.), Hessen-Kassel, Frankfurt, Braunschweig, Mecklenburg-Strelitz.

Gesetzen unterworfen sind. Die letzterwähnte Gestaltung treffen wir insbesondere in der Altpreußischen Kirche (Art. 136ff.). Sie kennt zur Entscheidung verfassungsrechtlich oder setzlich gebestimmter Rechtsfragen und Streitigkeiten der Kirchenverwaltung zwei Arten unabhängiger, nur dem Gesetz unterworfener Rechtsausschüsse: für den Bereich einer Kirchenprovinz den „Rechtsausschuß der Kirchenprovinz", für den Gesamtbereich der Kirche den „Rechtsausschuß der Kirche". In der Kirchenprovinz wird der Rechtsausschuß gebildet aus dem Konsistorialpräsidenten als Vorsitzendem, 2 Mitgliedern des Konsistoriums und 4 von der Provinzialsynode zu wählenden Gemeindegliedern; der Rechtsausschuß der Kirche besteht aus dem weltlichen Vizepräsidenten des Oberkirchenrats als Vorsitzendem, 2 Mitgliedern des Oberkirchenrats und 4 von der Generalsynode zu wählenden Gemeindegliedern (Art. 137, 139).

In Disziplinarsachen hat die Altpreußische Kirche ihr bisheriges Recht[1] bis zu einer Neuregelung in Kraft gelassen, es sollen jedoch gemäß Art. 157 der Rechtsausschuß für die Provinz und für die Kirche an die Stelle des Konsistoriums und des Oberkirchenrats treten (vgl. dazu auch Art. 157 Abs. 2, 3; 159).

Schließlich hat gemäß Art. 158 der Rechtsausschuß für die Kirchenprovinz noch zu entscheiden: bei Besetzung von Pfarrstellen über Beschwerden gegen Entscheidungen, die vom Kreissynodalvorstand auf Einspruch aus der Gemeinde gegen Wandel und Gaben des Geistlichen oder auf Einspruch einer Zweidrittelmehrheit getroffen werden, und über Beschwerden der Gemeinden gegen Beschlüsse der Kreissynoden wegen Verteilung der Kreisumlagen. Der Rechtsausschuß der Kirche hat das Entscheidungsrecht über Beschwerden der Kreissynodalverbände gegen Beschlüsse der Provinzialsynoden wegen Verteilung der provinzialkirchlichen Umlagen, über Beschwerden gegen Entscheide des Konsistoriums betr. die Zulässigkeit kirchenregimentlicher Pfarrstellenbesetzung[2] und über die Entziehung des einem ehemaligen Geistlichen im Irrlehreverfahren zuerkannten Jahrgeldes[3].

Im übrigen ist dieses Irrlehreverfahren[4] anderen Behörden anvertraut[5]. Zunächst hat das zuständige Konsistorium, insbesondere durch Vermittlung des Generalsuperintendenten im Wege persönlicher Besprechung die Beseitigung der Bedenken zu versuchen. Ist nach Ansicht des Konsistoriums dieser Versuch mißlungen, so hat es dem Oberkirchenrat zu berichten; dieser stellt alsdann die nach seinem Ermessen gebotenen Ermittlungen an, hört insbesondere Pfarrer und Gemeinde. Erachtet er auf Grund davon eine Durchführung des Irrlehreverfahrens als erforderlich, so gibt er die Verhandlung weiter an das „Spruchkollegium"[6]. Dieses aus 13 Mitgliedern bestehende Kollegium wird jeweils am Sitze des Oberkirchenrats errichtet. Mitglieder des Kollegiums sind: 4 Mitglieder des Oberkirchenrats (sein Präsident, dessen weltlicher Stellvertreter, der geistliche Vizepräsident, das dienstälteste geistliche Mitglied, oder je ihre Vertreter), je 3 von der Generalsynode und der bezüglichen Provinzialsynode Gewählte, 2 vom Kirchensenat auf

---

[1] Kirchengesetz vom 16. Juli 1886 betr. die Dienstvergehen der Kirchenbeamten und die unfreiwillige Versetzung derselben in den Ruhestand. — Auch in den meisten anderen Kirchen ist das überkommene Disziplinarrecht im wesentlichen und unter Vorbehalt seiner zeitgemäßen Revision bestehen geblieben. Einige Kirchen, z. B. Bayern r. d. Rh. (ev.-luth.) und Braunschweig, haben sich schon neues Disziplinarrecht geschaffen.

[2] Kirchengesetz betr. Pfarrbesetzungsrecht vom 12. März 1912 § 1 Abs. 5.

[3] Kirchengesetz betr. das Verfahren bei Beanstandung der Lehre von Geistlichen vom 16. März 1910 („Irrlehregesetz", „Lehrbeanstandungsgesetz").

[4] S. u. § 23.

[5] Dieses Vorgehen in Preußen ist nun den meisten Kirchen für grundsätzlich ähnliche Einrichtungen vorbildlich geworden.

[6] Immerhin kann der Evangelische Oberkirchenrat den fraglichen Geistlichen — ohne Kürzung seines Diensteinkommens — von den Amtsverrichtungen entbinden, wenn diese Maßnahme im Interesse des Friedens der Gemeinde notwendig erscheint (Lehrbeanstandungsgesetz § 4).

Vorschlag des Oberkirchenrats ernannte ordentliche Professoren der evangelischen Theologie an Universitäten im Gebiet der Landeskirche, und der zuständige Generalsuperintendent[1]. Vorsitzender des Kollegiums ist der Präsident des Oberkirchenrats und bei dessen Verhinderung sein Stellvertreter im Oberkirchenratspräsidium.

§ 21. Der Deutsche Evangelische Kirchenbund.

Der Kirchenbund ist gemäß seiner Verfassung vom 25. Mai 1922[2] eine aus deutschen evangelischen Kirchen als Mitgliedern bestehende öffentlich-rechtliche Körperschaft[3] mit Selbstgesetzgebung und Selbstverwaltung. Sein allgemeiner Zweck ist, „zur Wahrung und Vertretung der gemeinsamen Interessen der deutschen evangelischen Landeskirchen einen engen und dauernden Zusammenschluß derselben herbeizuführen, das Gesamtbewußtsein des deutschen Protestantismus zu pflegen und für die religiös-sittliche Weltanschauung der deutschen Reformation die zusammengefaßten Kräfte der deutschen Reformationskirchen einzusetzen — dies alles unter Vorbehalt der vollen Selbständigkeit der verbündeten Kirchen in Bekenntnis, Verfassung und Verwaltung" (§ 1). Zur Erfüllung dieses Zweckes wird der Bund „teils unmittelbar tätig mit bindender Wirkung für die verbündeten Kirchen, teils mittelbar im Wege der Anregung und Förderung" (§ 2). Der Bund hat somit entsprechend dem Bundesstaat im Staatsrecht eine eigene, die Kirchen und ihre Mitglieder unmittelbar erfassende Gewalt; seine verfassungsmäßig zustandegekommenen und im Amtsblatt des Bundes („Allgemeines Kirchenblatt für das evangelische Deutschland") verkündeten Gesetze (§ 6) wirken somit verpflichtend, ohne daß noch Gesetze der einzelnen Kirchen nötig wären. Für diese Tätigkeit des Bundes sind immerhin gewisse Grenzen gezogen. Schon in der Zweckbestimmung des Bundes ist vorbehalten die volle Selbständigkeit der Kirchen in Bekenntnis, Verfassung und Verwaltung (§ 1). Außerdem ist noch besonders bestimmt (§ 2), die unmittelbare Tätigkeit des Bundes erstrecke sich auf die Wahrung der gemeinsamen evangelischen Interessen im Verhältnis zum Auslande, zum Reich und seinen Ländern, zu anderen Religionsgesellschaften im In- und Ausland, auf die kirchliche Versorgung der evangelischen Deutschen im Ausland und darüber hinaus auf „sonstige Aufgaben, welche von einzelnen Kirchen dem Bunde übertragen und von ihm durch Bundesgesetz übernommen werden". Eine Erweiterung der verfassungsmäßigen Zuständigkeit kann somit nur auf Antrag der betroffenen Kirchen und auf dem Wege der Bundesgesetzgebung erfolgen. — Daneben steht die mittelbare Tätigkeit, in welcher der Bund nicht bindende Maßnahmen trifft, sondern anregend und fördernd wirken will, so daß die Stellungnahme dazu im Ermessen der Kirchen liegt. Hier soll in Betracht kommen ein Wirken in bezug auf die Festigung des Bandes zwischen evangelischem Volkstum und Kirche, die Pflege des christlichen Hauses, die religiöse Volkserziehung und die Arbeit an der schulentlassenen Jugend, die christliche Liebestätigkeit, die Ausgleichung und Versöhnung der sozialen Gegensätze, die kirchliche Versorgung für öffentliche Straf- und Fürsorge-

[1] Vgl. dazu noch die Sondervorschriften des Lehrbeanstandungsgesetzes für die beiden Fälle, daß es sich handelt um ein Verfahren bei Einsprüchen gegen die Lehre eines anzustellenden Geistlichen (§ 21—25) oder um ein Verfahren bei Versagung der Berufung in ein geistliches Amt wegen Mangels an Übereinstimmung des Geistlichen mit dem Bekenntnisse der Kirche (§ 26—28). — Über das Spruchkollegium im einzelnen s. Lehrbeanstandungsgesetz § 29ff.

[2] Offiziell veröffentlicht in einem Sonderheft des Allg. Kirchenblattes für das evangelische Deutschland vom 1. Juni 1922. Zugrunde liegt der dort ebenfalls veröffentlichte „Kirchenbundesvertrag" vom 25. Mai 1922, in dem die Mitgliederkirchen erklären, sie schließen sich zu einem dauernden Verbande zusammen, der den Namen Deutscher Evangelischer Kirchenbund führen und die beigefügte Verfassung haben soll.

[3] Bundesverfassung § 4. — Reichsverfassung Art. 137 Abs. 5. — Angeschlossen sind der Körperschaft die „Brüdergemeine" und auslanddeutsche evangelische Verbände.

anstalten, der Schutz der christlichen Feiertage, die Ausbildung des theologischen Nachwuchses und die Wahrung der der Kirche für die Erfüllung ihrer Aufgaben erforderlichen Rechte. Außerdem sollen auch gefördert werden die freien kirchlichen Arbeitsorganisationen, insbesondere die Werke der äußeren und inneren Mission, die Bibelverbreitung, sowie alle Bestrebungen, welche auf die Durchdringung des evangelischen Volkes mit den Kräften des Evangeliums abzielen (§ 2).

Für diese Tätigkeit bestehen 3 Bundesorgane: Kirchentag, Kirchenbundesrat und Kirchenausschuß. — Der Kirchentag[1] besteht aus 210 teils (150) von den Landessynoden gewählten[2], teils (60) vom Kirchenausschuß berufenen[3] Mitgliedern. Er hat das Recht, über alle Angelegenheiten des Bundes zu verhandeln und Anregungen an Kirchenbundesrat und -ausschuß zu geben. Er wirkt mit bei Gesetzgebung und wichtigen finanziellen Verwaltungsakten des Bundes, und er kann in Angelegenheiten, die das Gesamtwohl des deutschen Protestantismus berühren, öffentliche Kundgebungen erlassen (§ 9)[4]. — Der Kirchenbundesrat[5] besteht aus Vertretern der Kirchenregierungen[6]. Jede Landeskirche hat wenigstens eine Stimme, bei den größeren Landeskirchen kommt auf jede angefangene halbe Million Evangelischer eine Stimme, doch darf keine Kirche mehr als zwei Fünfteile der Stimmen auf sich vereinigen. Dieser Bundesrat soll die evangelischen Kirchen bei der Behandlung wichtiger kirchlicher Fragen beraten, er wirkt mit bei der Gesetzgebung und bei wichtigen Finanzbeschlüssen des Kirchentages und Kirchenausschusses. — Der Kirchenausschuß[7] besteht aus 36 Mitgliedern, von denen je die Hälfte vom

---

[1] Bundesverfassung § 7—10. Die „Kirchentagsperiode“, die zugleich die Amtsperiode der Kirchentagsmitglieder darstellt, umfaßt 6 Jahre. In ihr finden zwei ordentliche Tagungen statt, zu denen bei dringendem Anlasse außerordentliche Tagungen treten können (§ 8). Die jeweilige Einberufung der Tagungen erfolgt durch den Kirchenausschuß (§ 10). Dieser muß den Kirchentag einberufen auf Verlangen von zwei Dritteln der verfassungsmäßigen Mitgliederzahl des Kirchentags (§ 8 Abs. 2).

[2] Bundesverfassung § 7. — Die Mitgliedschaft in der Synode ist nicht Voraussetzung der Wählbarkeit. Bei der Wahl soll tunlichst der Grundsatz gelten, daß Geistliche und Nichtgeistliche im Verhältnis = 1 : 2 gewählt werden. Die Verteilung der Kirchentagsmitglieder auf die einzelnen Kirchen ist so geregelt, daß auf jede Landeskirche, deren Seelenzahl den 150. Teil der Gesamtseelenzahl der verbündeten Landeskirchen nicht übersteigt, ein Abgeordneter entfällt, und daß die anderen Abgeordneten auf die übrigen Landeskirchen nach der Seelenzahl und dem Restteilungsverfahren verteilt werden.

[3] Dabei ist der Kirchenausschuß frei bezüglich 25 Mitglieder, die er „als Ausgleichsgruppe . . . nach freier Entschließung“ beruft. Dagegen hat der Kirchenausschuß die übrigen 35 Mitglieder auf Grund von bindenden Vorschlägen der theologischen Fakultäten, der Religionslehrer und der auf die Gesamtheit der deutschen Landeskirchen sich erstreckenden Vereinsorganisationen zu berufen (Bundesverfassung § 7).

[4] Dazu kommen noch Selbstverwaltungsbefugnisse des Kirchentags, insbesondere wählt er jeweils für die Kirchentagsperiode von 6 Jahren sein Präsidium aus seiner Mitte und stellt seine Geschäftsordnung auf (Bundesverfassung § 10).

[5] Bundesverfassung § 11—13. — Der Rat versammelt sich nach Bedarf, doch muß er während des Kirchentags am gleichen Orte wie dieser versammelt sein. Der Rat hat keine feste Periode wie der Kirchentag, die Amtsdauer seiner Mitglieder wird vielmehr von den Kirchenregierungen der entsendenden Landeskirchen bestimmt.

[6] Dem Vertretungsverhältnis entsprechend sind die Mitglieder des Rats bei ihrer Abstimmung an die Weisungen ihrer Kirchenregierungen gebunden (Bundesverfassung § 13 Abs. 2).

[7] Bundesverfassung § 14—17. § 16 Abs. 1: „Das Präsidium und die Leitung der Geschäfte wird, wie bisher, dem ersten Beamten der Verwaltung der altpreußischen Landeskirche übertragen, an dessen Amtssitz auch die Verwaltung geführt wird.“ Der Präsident des Ev. Oberkirchenrats in Berlin ist somit Präsident des deutschen ev. Kirchenausschusses. Bei Erledigung dieser Stelle übernimmt der mit ihrer Wahrnehmung Betraute das Präsidium; für den Fall der Behinderung des Präsidenten steht dem Kirchenausschuß die Wahl eines Stellvertreters aus seiner Mitte zu. — Der Vorsitzende hat den Kirchenausschuß wenigstens halbjährlich einmal zu berufen und außerdem, soweit es nötig ist oder wenn 6 Mitglieder mit Bezugnahme auf einen von ihnen gestellten Antrag eine Sitzung beantragen. — Zur Vorbereitung seiner Beschlüsse kann der Ausschuß Unterausschüsse bilden, in die auch Mitglieder des Kirchenbundesrates und des Kirchentags, sowie sonstige evangelische Männer und Frauen, die für die betreffenden Angelegenheiten besondere Fachkunde besitzen, berufen werden.

Kirchenbundesrat und vom Kirchentag aus ihrer Mitte gewählt wird[1]. Er ist das geschäftsführende, vollziehende und den Bund vertretende Organ (§ 15)[2]. Zur Bewältigung dieser Arbeit ist dem Präsidenten des Kirchenausschusses seit 1923 das Kirchenbundesamt unterstellt[3].

Zweiter Abschnitt.

Die Tätigkeit der Kirche.

Die evangelischen Kirchen halten ähnlich wie der Staat die drei Funktionen der Rechtsetzung, Rechtsprechung und Verwaltung grundsätzlich auseinander. Ein aus der geschichtlichen Entwicklung und aus der geringen praktischen Bedeutung der kirchlichen Gerichtsbarkeit erklärbarer Mangel ist die vielfach vorhandene Verbindung von Justiz und Verwaltung. Ihre grundsätzliche Trennung ist nun durch die neueste Rechtsentwicklung teils verwirklicht, teils angebahnt.

§ 22. Die Rechtsetzung.

Als Körperschaft mit Selbstgesetzgebung hat die Kirche ihre rechtlich vornehmste Aufgabe in der Schaffung kirchlichen Rechtes. Diese Rechtsetzung erfolgt grundsätzlich auf dem „Wege der Gesetzgebung"[4]. Sein Verlauf ist so: Das Vorschlagsrecht zu Gesetzen steht — im einzelnen verschieden geregelt — den Synodalen zu kraft ihrer Mitgliedschaft in der Synode, und außerdem bestimmten Kirchenbehörden, insbesondere den Kirchenregimentsbehörden und den Synodalausschüssen. Über solche Gesetzesvorlagen beschließt die Landessynode als gesetzgebendes Organ der Kirche[5]. Die Änderungen der Kirchenverfassung selbst (Verfassungsgesetze) sind vielfach erschwert auf Grund der Wertung der Verfassung als des Ober- und Grundgesetzes der Kirche; so werden z. B. zwei Lesungen an verschiedenen Tagen und erhöhte Beschlußmehrheit verlangt[6]. Die Gesetzes-

[1] Die Wahl gilt jeweils für die Kirchentagsperiode. — Für die vom Kirchenbundesrat vorzunehmenden Wahlen sind bestimmte Benennungsrechte zur Anerkennung gebracht; so haben zu benennen: die Kirche der älteren preußischen Provinzen 5 Vertreter, darunter den ersten Beamten der Verwaltung der altpreußischen Landeskirche; die Landeskirchen von Sachsen, Hannover (ev.-luth.), Württemberg, Bayern r. d. Rh., Thüringen und Schleswig-Holstein je 1 Vertreter; die Landeskirchen der übrigen Kirchengebiete zusammen 7 Vertreter nach näherer Vereinbarung der beteiligten Kirchenregierungen untereinander (Bundesverfassung § 14).

[2] Dementsprechend hat auch der Ausschuß dem Kirchenbundesrat in angemessenen Zeiträumen und dem Kirchentag bei dessen ordentlichen Tagungen über seine Tätigkeit Bericht zu erstatten (Bundesverfassung § 16 Abs. 5).

[3] Schon die Bundesverfassung bestimmte (§ 5 Abs. 2), daß die zur Erledigung der Bundesgeschäfte erforderlichen Bundesbeamten vom Kirchenausschuß anzustellen sind.

[4] Das Beschreiten dieses Weges, also der Erlaß formeller Kirchengesetze, ist in den meisten Kirchen für die Regelung wichtiger Angelegenheiten vorgesehen. So bleiben in der altpreußischen Landeskirche gemäß Art. 112 der Regelung durch Kirchengesetz vorbehalten: die kirchliche Lehrfreiheit und Lehrverpflichtung der Geistlichen, die gottesdienstliche Ordnung, die Einführung und Abschaffung allgemeiner kirchlicher Feiertage, die Kirchenzucht, die kirchlichen Bedingungen der Trauung, die Ordnung der Konfirmation, das kirchliche Umlagen- und Besteuerungsrecht, die Heranziehung des Kirchen- und Pfarrvermögens zu Abgaben, die Grundsätze für die Errichtung und Aufhebung von Pfarrstellen, sowie für die Besetzung der geistlichen Ämter, die kirchlichen Erfordernisse für die Anstellung im geistlichen Amte, die dienstrechtlichen Verhältnisse der Geistlichen und der im Dienste der Kirche, ihrer Verbände und Gemeinden stehenden Beamten. — Außerdem hat die Generalsynode das Recht, auch andere Gegenstände der kirchlichen Ordnung durch Kirchengesetz zu regeln.

[5] In manchen Kirchen wird für Gesetze zweimalige Beratung und Beschließung vorgeschrieben, z. B. in der altpreußischen Kirche (Art. 144. Abs. 3). — In der evangelisch-lutherischen Kirche Hannover kommen Kirchengesetze nur zustande durch übereinstimmende Beschlüsse des Landeskirchentags und des Kirchensenats (Verfassung Art. 68).

[6] Art. 144 Abs. 4: „Verfassungsänderungen bedürfen der Zustimmung von zwei Dritteln der Anwesenden und müssen in zwei Lesungen an verschiedenen Tagen beschlossen werden."

beschlüsse der Landessynode unterliegen in den meisten Kirchen dem Einspruch der Kirchenregimentsbehörde[1]. Sie hat das Recht, gegen Synodalbeschlüsse, die sie als der Kirche schädlich erachtet, innerhalb bestimmter Zeit (8 Tage bis 3 Monate) Einsprache zu erheben. Durch solchen Einspruch wird die Gesetzesverkündigung gehemmt und die Synode zu nochmaliger Beratung und Beschlußfassung verpflichtet. Besteht dabei die Synode auf ihrem früheren Beschlusse, so wird damit der Einspruch entkräftet und der Weg zur Gesetzesverkündigung ist frei. Eine andere Hemmung der Verkündigung kann dadurch entstehen, daß der Staat kraft seiner Kirchenhoheit Einspruch erhebt[2]. Sind die Einspruchsfristen abgelaufen oder die Einsprüche erledigt, so hat die Verkündigung im kirchlichen Gesetzesblatt zu erfolgen. Mit der Verkündigung erwächst das Kirchengesetz in die formelle Gesetzeskraft, kann somit nur mehr auf dem Wege der Gesetzgebung abgeändert oder aufgehoben werden. Der Zeitpunkt des Beginns der praktischen Gültigkeit des Gesetzes (materielle Gesetzeskraft) wird im Gesetz bestimmt; fehlt eine solche Bestimmung, so tritt das Gesetz in der Regel mit dem 14. Tag seit der Verkündigung in Kraft[3]. — Neben diesem Weg der Gesetzgebung kann Kirchenrecht auch durch „Gesetze im materiellen Sinn", durch „Rechtsverordnungen" kirchlicher Verwaltungsbehörden geschaffen werden. Die in solchen Rechtsverordnungen enthaltenen Rechtsvorschriften sind von der gleichen Art wie die in formellen Gesetzen, sie haben aber insofern eine schwächere Geltungskraft, als sie nur gültig sind, wenn sie sich im Rahmen der formellen Gesetze halten. Die Befugnis einer Verwaltungsbehörde zum Erlaß solcher Rechtsordnungen ist nie selbstverständlich, sondern sie besteht nur dann, wenn die Synode in einem formellen Gesetz eine ausdrückliche Ermächtigung zuhanden der Verwaltungsbehörde erteilt hat (Delegation der gesetzgebenden Gewalt). Sollte dabei keine bestimmte Verwaltungsbehörde genannt sein, so ist die Kirchenregimentsbehörde als ermächtigt zu betrachten. — Außer diesen Verordnungen kennt das evangelische Kirchenrecht auch noch das Notverordnungsrecht[4]. Wenn die Synode nicht versammelt ist und eine außerordentliche Einberufung nicht als angemessen erscheint, kann, soweit nicht etwas anderes

---

[1] Art. 125: „Gegen Beschlüsse der Generalsynode kann der Kirchensenat binnen 3 Monaten nach Eingang der Beschlüsse Einspruch erheben. Der Beschluß des Kirchensenats bedarf einer Mehrheit von zwei Dritteln der Stimmen. Der Gegenstand ist der Synode bei der nächsten Tagung nochmals vorzulegen. Hält die Synode ihren Beschluß aufrecht, so ist danach zu verfahren."

[2] S. o. § 4. — Preußisches Staatsgesetz betr. die Kirchenverfassungen der evangelischen Landeskirchen vom 8. April 1924. Gemäß dessen Art. 2 sind kirchliche Gesetze vor der Verkündung dem für kirchliche Angelegenheiten zuständigen Minister zur Kenntnisnahme vorzulegen. Dieser kann innerhalb eines Monats nach der Vorlegung gegen das Gesetz Einspruch erheben, jedoch nur aus dem Grunde, daß das kirchliche Gesetz mit einem Staatsgesetz im Widerspruch steht, oder zu seiner Durchführung einer staatlichen Mitwirkung bedarf oder Bestimmungen über Bildung und Zusammensetzung der zur vermögensrechtlichen Vertretung oder zur Ausübung steuerlicher Befugnisse berufenen kirchlichen Organe derartig abändert, daß eine geordnete Vermögensverwaltung oder eine genügende Vertretung der Steuerpflichtigen nicht gewährleistet wird. — Bestreitet die Kirche das Vorliegen einer solchen Voraussetzung, so entscheidet auf Klage der obersten kirchlichen Behörde im Verwaltungsstreitverfahren das Oberverwaltungsgericht. — Dementsprechend ist die Verkündung kirchlicher Gesetze erst dann zulässig, wenn die Einspruchsfrist verstrichen oder auf ihre Einhaltung durch den Minister verzichtet oder der Einspruch im Verwaltungsstreitverfahren zurückgewiesen ist.

[3] Art. 113.

[4] Art. 126 Abs. 2 Ziff. 6 (Notverordnungsrecht des Kirchensenats in Angelegenheiten, die einen Beschluß der Generalsynode erfordern, aber keinen Aufschub dulden). Solche Notverordnungen sind gemäß Art. 127 nur zulässig, wenn die Generalsynode nicht versammelt und ihre Einberufung nicht möglich oder der Bedeutung der Sache nicht entsprechend ist. Verfassungsändernde Notverordnungen bedürfen der Zustimmung von zwei Dritteln der Anwesenden. — Alle Notverordnungen sind im kirchlichen Gesetzblatt zu verkündigen und der Generalsynode bei ihrer nächsten Tagung zur Genehmigung vorzulegen. Wird die Genehmigung versagt, so sind sie vom Kirchensenat durch eine im Gesetzblatt zu verkündende Verordnung außer Kraft zu setzen.

bestimmt ist, die Kirchenregimentsbehörde in dringlichen Fällen die nötigen Rechtsvorschriften erlassen. Diese Notverordnungen sind der Synode bei ihrer nächsten Sitzung zur Genehmigung vorzulegen und müssen bei deren Verweigerung alsbald wieder aufgehoben werden.

Von dieser Rechtsetzung für die Kirchen im ganzen ist zu unterscheiden das örtliche Recht für die Kirchengemeinden. Diese sind befugt, für ihren Bereich und für ihre von der Kirche nicht geregelten Verhältnisse kirchenrechtliche Vorschriften (Satzungen, Statuten, Ordnungen) zu erlassen. Die Beschlußfassung darüber steht meist den für diesen Zweck vereinten Gemeindebehörden zu unter Vorbehalt der notwendigen Genehmigung der Kirche[1] und des staatlichen Einspruchsrechtes[2]. — Eine weitere Absplitterung in der Rechtssetzung ergibt sich auf Grund der Provinzialverfassung in der altpreußischen Kirche, indem die Kirchenprovinzen mit dem Recht der Selbstgesetzgebung ausgestattet sind. Dieses Recht wird betätigt durch Beschlüsse der Provinzialsynoden; sie bedürfen der Genehmigung des Kirchensenats und müssen sich im Rahmen der Verfassung und der Gesetze der Kirche halten[3].

Besonders geregelt ist die Gesetzgebung im Deutschen Evangelischen Kirchenbund. Seine Bundesgesetze kommen zustande durch übereinstimmende Beschlüsse des Kirchentags und des Kirchenbundesrats. Das Vorschlagsrecht steht dem Kirchentag, dem Kirchenbundesrat und dem Kirchenausschusse zu. Die Bundesgesetze sind vom Kirchenausschuß im Allgemeinen Kirchenblatt für das evangelische Deutschland (Amtsblatt des Bundes) zu verkünden und treten, soweit sie nichts anderes vorschreiben, mit dem 14. Tage nach Ablauf des Tages in Kraft, an dem das betreffende Stück des Amtsblattes am Orte seines Erscheinens ausgegeben worden ist. — Die Form solcher Bundesgesetze ist nötig zur Abänderung bestehender Bundesgesetze und in den von der Bundesverfassung oder von Bundesgesetzen vorgeschriebenen Fällen. — Verfassungsändernde Bundesgesetze müssen vom Kirchenbundesrat und Kirchentag mit je ⅔ der abgegebenen Stimmen beschlossen werden, und eine Änderung des in § 1 der Bundesverfassung getroffenen Vorbehalts „der vollen Selbständigkeit der verbündeten Kirchen in Bekenntnis, Verfassung und Verwaltung" oder dieser Vorschrift über Verfassungsänderung selbst benötigen Einstimmigkeit des Kirchenbundesrates und Dreiviertelmehrheit des Kirchentages. Dagegen genügt für bundesgesetzliche Änderung der Mitgliederzahl des Kirchentags, durch die das Zahlenverhältnis der gewählten und berufenen Mitglieder nicht berührt wird, die einfache Mehrheit der abgegebenen Stimmen[4].

§ 23. Die Rechtsprechung.

Die evangelischen Kirchen üben im Gegensatz zur katholischen Kirche keine Gerichtsbarkeit gegenüber ihren Mitgliedern; sie beschränken sich auf die Betätigung der Zuchtgewalt zur Wahrung kirchlich-religiöser Sitte und Ordnung, aber auch diese Zwangsgewalt spielt im allgemeinen und besonders in den Städten keine große Rolle mehr. Die Kirchen sind aber befugt, über Mitglieder, die sich gegen Recht, Ordnung und Ansehen der Kirche vergehen, durch Zuchtmittel Nachteile mit innerkirchlicher Wirkung zu verhängen (Versagung der kirchlichen Trauung, des kirchlichen Begräbnisses, der Zulassung zu Abendmahl und Patenschaft,

---

[1] Art. 26 (Aufstellung von „Gemeindesatzungen" durch die Gemeindevertretung, bestehend aus den Mitgliedern des Gemeindekirchenrats und den Gemeindeverordneten, Art. 12); Genehmigung vom Provinzialkirchenrat.

[2] Preußisches Staatsgesetz betr. die Kirchenverfassungen der evangelischen Landeskirchen vom 8. April 1924 Art. 3.

[3] Art. 114, 84. [4] Kirchenbundesverfassung § 6, 20.

Entziehung des Wahlrechts und der Wählbarkeit). Die Handhabung der Kirchenzucht ist in der Regel Sache des Gemeindevorstands, ausnahmsweise des Pfarrers[1].

Wenn sich auch die Kirche im allgemeinen mit der staatlichen Rechtsprechung begnügen kann, so muß sie doch selbst Rechtsfragen der kirchlichen Verwaltung und Verfassung entscheiden (Verwaltungs- und Verfassungsgerichtsbarkeit) und sie bedarf insbesondere einer eigenen Gerichtsbarkeit gegenüber dem engeren Kreise der Kirchenbeamten (Disziplinargerichtsbarkeit)[2]. — Diese Disziplinargerichtsbarkeit gegen schuldhafte Amtspflichtverletzung erscheint als untunlich gegenüber der eigenartigen Lagerung, daß Geistliche dem Bekenntnis oder der Lehre ihrer Kirche widersprechen. Die Erledigung solcher Fälle erfolgt in den meisten Kirchen durch ein besonderes „Spruchkollegium". Wegleitend ist dabei geworden die durch das sog. „Irrlehregesetz"[3] in der altpreußischen Kirche getroffene Einrichtung eines Kollegiums von 13 Mitgliedern[4]. Das vor ihm spielende „Irrlehreverfahren" zeigt dreierlei Gestaltungen. Die wichtigste ist das „Feststellungsverfahren". Dieses wird eingeleitet, „wenn auf Grund von Tatsachen die Annahme gerechtfertigt erscheint, daß ein Geistlicher in seiner amtlichen oder außeramtlichen Lehrtätigkeit mit dem Bekenntnis der Kirche dergestalt in Widerspruch getreten ist, daß seine fernere Wirksamkeit innerhalb der Landeskirche mit der für die Lehrverkündigung allein maßgebenden Bedeutung des in der Heiligen Schrift verfaßten und in den Bekenntnissen bezeugten Wortes Gottes unvereinbar ist". Das Spruchkollegium hat in seinem Spruche „nach seiner freien, aus dem ganzen Inbegriff der Verhandlungen und Beweise geschöpften Überzeugung[5] festzustellen oder für nicht festgestellt zu er-

[1] Art. 24 Abs. 1: „Der Gemeindekirchenrat hat die für eine geordnete Seelsorge erforderlichen Maßnahmen zu treffen sowie bei der Übung der Kirchenzucht . . . mitzuwirken, soweit es die kirchliche Ordnung vorsieht." Art. 112 (Erlaß eines Kirchenzuchtgesetzes in Aussicht genommen).

[2] Vgl. o. § 20. — Als Disziplinarstrafen kommen in Betracht sog. „Ordnungsstrafen" (Warnung, Verweis, Geldstrafe), Entfernung aus dem Amt (Versetzung in ein geringer besoldetes Amt oder in den Ruhestand, Amtsenthebung, Dienstentlassung), Beschneidung von Zulagen, formelle Verringerung der Dienstjahre. S. darüber und über das Disziplinarverfahren im einzelnen das altpreußische Kirchengesetz betr. die Dienstvergehen der Kirchenbeamten und die unfreiwillige Versetzung derselben in den Ruhestand vom 16. Juli 1886. Disziplinargericht der altpreußischen Kirche ist nun in I. Instanz der Rechtsausschuß der Kirchenprovinz, in II. Instanz der Rechtsausschuß der Kirche. Gegenüber den vom Kirchensenat bestellten höchsten Beamten (Generalsuperintendenten, Mitglieder des Oberkirchenrats und der Konsistorien) urteilt in I. Instanz der Rechtsausschuß der Kirche, in II. Instanz der Kirchensenat (Art. 157, 159). — Abgesehen von geistlichen und nichtgeistlichen Kirchenbeamten können disziplinäre Maßnahmen (Mahnung, Verweis, Entlassung) auch in Betracht kommen gegen Kirchengemeindebehörden und deren Mitglieder. (Art. 38).

[3] Kirchengesetz betr. das Verfahren bei Beanstandung der Lehre von Geistlichen vom 16. März 1910.

[4] Vgl. o. § 20.

[5] Daß dabei nicht einfach wie sonst in Prozessen auf Rechtsvorschriften abgestellt werden kann, betont die Gesetzbegründung (KGVBl. 1909 S. 115ff.): „Hier gilt das Wort, daß Geistliches geistlich gerichtet werden muß. Das Bekenntnis ist kein Gesetz; die Glaubenssätze, in denen die Kirche die göttliche Offenbarung für das menschliche Verständnis erfaßt hat, sind nicht wie Rechtssätze, die lediglich der Ordnung irdischer Lebensverhältnisse dienen und denen durch äußeren Gehorsam genügt wird. Neben der Forderung, daß der Geistliche die in der Heiligen Schrift enthaltene, im Bekenntnisse bezeugte objektive Glaubenswahrheit, den Gemeindeglauben, verkünde, steht in der evangelischen Kirche die andere, gleich berechtigte Forderung, daß seine Verkündung ein lebendiges Zeugnis persönlicher Aneignung dieser Glaubenswahrheit auf dem Grunde eigener christlicher Erkenntnis und Erfahrung sein soll. So verlangt das evangelische Lehramt neben der Gebundenheit zugleich Freiheit. Hinsichtlich des Verhältnisses beider Elemente folgt aus der Aufgabe der Lehre in der evangelischen Kirche, daß der Geistliche jedenfalls willens und befähigt bleiben muß, mit seiner Lehre dem Aufbau der Gemeinde auf dem Grunde des Bekenntnisses zu dienen. Wo dies durch die Stellung des Geistlichen zum Bekenntnis ausgeschlossen wird, da ist seine weitere geistliche Wirksamkeit innerhalb der Landeskirche nicht angängig." — Die Gesetzesbegründung weist auch darauf hin, daß die Stellung des Geistlichen persönlich und sachlich in umfassender Würdigung und ohne Engherzigkeit zu prüfen ist, indem sie betont: „Nicht eingeengt durch rechtliche Formen, ist das Kollegium

klären, daß eine weitere Wirksamkeit des Geistlichen innerhalb der Landeskirche mit der Stellung, die er in seiner Lehre zum Bekenntnisse der Kirche einnimmt, unvereinbar ist". Die positive Feststellung bedarf einer Mehrheit von zwei Drittel der Mitglieder des Kollegiums; sie hat zur Wirkung, daß der Geistliche unter Wahrung seiner Ansprüche auf ein seinem Ruhegehalt entsprechendes Jahrgeld[1] und auf Hinterbliebenenversorgung seines Amtes entsetzt und vom Dienst in der Kirche ausgeschlossen wird. — Hat der Geistliche durch dasselbe Verhalten den Tatbestand für dieses Feststellungsverfahren gesetzt und zugleich durch Herabminderung des Bekenntnisses oder der Ordnungen der Kirche ein Dienstvergehen begangen (Idealkonkurrenz), so greift das Disziplinarverfahren Platz, und nur wenn dieses nicht zur Dienstentlassung führt, erfolgt das Feststellungsverfahren[2]. — Die beiden anderen Arten von Lehrstreitigkeiten betreffen entweder Einsprüche gegen Inhalt oder Art der Lehre eines anzustellenden Geistlichen oder die Versagung der Berufung eines sonst Anstellungsfähigen in ein geistliches Amt wegen mangelnder Übereinstimmung mit dem Bekenntnisse der Kirche. In diesen beiden Fällen entscheidet das Spruchkollegium mit absoluter Mehrheit der Stimmen (Lehrbeanstandungsgesetz § 1, 11, 32 Abs. 2, 21—25, 26—28; oben § 20).

§ 24. Die Verwaltung.

I. Kultusverwaltung.

Im Unterschied von der katholischen Kirche ist der Kultus in der evangelischen Kirche auf das Wesentliche und Nötige beschränkt. Die von den Kirchen erlassenen Formvorschriften gehen im allgemeinen in ähnlicher Richtung und sind in „Agenden" oder Kirchenbüchern enthalten; diese zeigen aber auch mannigfaltige Unterschiede, entsprechend der Verschiedenheit der geschichtlichen Überlieferung und der theologischen Einstellung in den Kirchen und Gemeinden[3].

Als Sakramente bestehen nur Abendmahl und Taufe. Jenes zur Entlastung der Gewissen von Schuld und Sünde, diese als Aufnahme in Gemeinde und Kirche. Dem Sakramentsbegriff entsprechend werden diese heiligen Handlungen dogmatisch aus dem Neuen Testament begründet und sollen unter den sichtbaren Zeichen unsichtbare geistliche Heilsgüter vermitteln[4]. — Dazu treten Kulthandlungen ohne Sakramentsnatur, wie Konfirmation, Trauung, Bestattung[5], Segnungen, Ein-

berufen, die gesamten den Fall charakterisierenden objektiven und subjektiven Momente der Entscheidung zugrunde zu legen. So wird in erster Hinsicht in Betracht kommen können, ob die Abweichungen vom Bekenntnisse Punkte von mehr zentraler oder mehr peripherischer Bedeutung betreffen, ferner in welcher Form, bei welchem Anlaß und unter welchen sonstigen Umständen die Abweichungen hervortreten. In subjektiver Beziehung aber werden vor allem die Motivierung der Lehrabweichung in der Gesinnung des Geistlichen, dessen gesamte christliche Persönlichkeit und seine gesamte geistliche Wirksamkeit zu würdigen sein" (a. a. O. S. 125).

[1] Das Jahrgeld kann nachträglich verkürzt oder verweigert werden mit Rücksicht auf ein dem ehemaligen Geistlichen aus einem öffentlichen Amt oder anderen festen Erwerb zufließendes Einkommen. Insbesondere ist das Jahrgeld dem Geistlichen zu entziehen, „wenn Tatsachen eintreten, die gegen ihn, falls er noch Geistlicher wäre, die Dienstentlassung oder Entziehung der Rechte des geistlichen Standes durch Disziplinarentscheidung begründen oder kraft Gesetzes zur Folge haben würden" (vgl. im einzelnen Lehrbeanstandungsgesetz § 15).

[2] Ebenso ist das Feststellungsverfahren auszusetzen, wenn gegen den Geistlichen wegen eines außer der Irrlehrehandlung begangenen Dienstvergehens (Realkonkurrenz) ein Disziplinarverfahren eingeleitet wird (Lehrbeanstandungsgesetz § 20).

[3] Die Bestimmung der Kultusformen, insbesondere der gottesdienstlichen Ordnung erfolgt durch Kirchengesetz und fällt daher in die Zuständigkeit der Landessynode. Vgl. Art. 112, 110; dazu Art. 115 und 116 (Mitwirkungsrecht der Provinzialsynoden und der Gemeinden).

[4] Über die Taufe oben § 1 und 3.

[5] Die evangelische Kirche wirkt bei der Bestattung ihrer Mitglieder mit, es sei denn, daß von diesen oder ihren Angehörigen eine Ablehnung der kirchlichen Bestattung vorliegt. Die Kirche kann aber auch ihrerseits die Beteiligung versagen, wenn der Verstorbene sich offensichtlich und ohne Reue vor seinem Tode in solchen Gegensatz zur Kirche und ihrer Lehre gestellt

weihung und der um die Predigt als wesentlichen Mittelpunkt gruppierte Gottesdienst. — Besondere kirchenrechtliche Bedeutung hat die Trauung. Ihre Regelung treffen die Kirchen in Trauungsordnungen[1]. Dabei anerkennt die evangelische Kirche zwar das staatliche Eherecht, insbesondere die obligatorische Zivilehe (Reichspersonenstandsgesetz vom 6. Februar 1875, BGB. § 1297ff.) und die Verpflichtung, die kirchliche Trauung nur auf Grund des Nachweises der erfolgten standesamtlichen Eheschließung vorzunehmen (Reichspersonenstandsgesetz § 67). Sie betrachtet aber die kirchliche Trauung als religiös notwendige Ergänzung und als kirchliche Pflicht ihrer Mitglieder[2]. Anderseits wahrt sich jedoch die Kirche das Recht, beim Vorliegen gewisser Gründe („Trauungshindernisse") die Vornahme der Trauung zu verweigern[3].

II. Ämterverwaltung.

Die Errichtung, Änderung, Aufhebung und Besetzung der Kirchenämter ist grundsätzlich als innerkirchliche Angelegenheit der Kirche vorbehalten. Durchaus im Mittelpunkt der kirchenrechtlichen Regelung steht das Pfarramt. Sein Bestand ist zwangsläufig bedingt durch den der Kirchengemeinde, denn der Gemeinde ist das Pfarramt wesentlich, und soviel Gemeinden bestehen, soviel Pfarrämter sind errichtet. Die Begründung, Änderung, Zusammenlegung und Aufhebung der Gemeinden sind somit auch maßgebend für Sein und Nichtsein des Pfarramtes[4]. Trotz dieser Einheit von Gemeinde und Pfarramt besteht kein Pfarrzwang im strengen Sinn des Wortes, sondern die Gemeindemitglieder können unter Abmeldung bei ihrem Pfarrer einen anderen Pfarrer um die Vornahme kirchlicher Handlungen ersuchen[5]. Und trotz jener Einheit steht auch nichts im Wege, daß das Pfarramt von mehreren Pfarrern verwaltet wird und daß dementsprechend mehrere Pfarrstellen in einer Gemeinde bestehen[6]. Für deren Errichtung, Änderung und

---

hat, daß eine kirchliche Bestattung mit der Würde und Selbstachtung der Kirche unverträglich erscheint. So wird z. B. die kirchliche Bestattung Hingerichteter von den Kirchen abgelehnt; ebenso ablehnend verhalten sich einige Kirchen gegen zurechnungsfähige Selbstmörder, während andere Kirchen die Beteiligung in das Ermessen der Geistlichen stellen oder in einer dem Fall angepaßten Form gewähren. — Eine Schwierigkeit besonderer Art ergab sich aus dem Aufkommen der Feuerbestattung. Mit Rücksicht auf die altüberlieferte Erdbestattung nahm zunächst eine Reihe von Kirchen gegen die Feuerbestattung Stellung. Nun hat sich als Regel durchgesetzt, daß den Geistlichen die Beteiligung freigestellt wird.

[1] Vgl. etwa das Preußische Kirchengesetz betr. Trauungsordnung vom 27. Juli 1880.

[2] Dieser Einstellung hat auch das BGB. Rechnung getragen durch die Bestimmung (§ 1588), daß seine Vorschriften die kirchlichen Verpflichtungen in Ansehung der Ehe nicht berühren.

[3] Die Kirchen lehnen die Trauung insbesondere ab, wenn nicht beide Ehegatten Christen sind, wenn ein zu trauender geschiedener Ehegatte die Scheidung aus Gründen erreichte, welche die Kirche nach evangelischer Lehre nicht anerkennt, wenn bei Mischehen der evangelische Ehegatte die Erziehung der Kinder in der Religion einer nichtevangelischen Religionsgesellschaft versprochen hat, und wenn die Trauung wegen anstößigen Verhaltens eines oder beider Ehegatten öffentliches Ärgernis in der Kirche erregen würde (vergl. im einzelnen das Preußische Kirchengesetz betr. Trauungsordnung von 1880).

[4] Für die kirchenrechtliche Regelung vgl. Art. 5 Abs. 2: „Über Neubildung, Veränderung, Aufhebung und Vereinigung von Gemeinden beschließt nach Anhörung der Beteiligten, wenn diese einverstanden sind, das Konsistorium, andernfalls der Provinzialkirchenrat." Abs. 3: „Wird eine Vermögensauseinandersetzung erforderlich, über welche die Beteiligten sich nicht einigen, so entscheidet der Rechtsausschuß der Kirchenprovinz. Dagegen ist innerhalb eines Monats Berufung an den Rechtsausschuß der Kirche zulässig." — Die betreffenden kirchlichen Akte bedürfen staatlicher Genehmigung (vgl. das Preußische Staatsgesetz betr. die Kirchenverfassungen der evangelischen Landeskirchen vom 8. April 1924, Art. 4, 5).

[5] Art. 48ff.

[6] Art. 43 Abs. 1: „In Gemeinden mit mehreren Pfarrern wird das Pfarramt gemeinsam verwaltet. Die Vertretung und geschäftliche Leitung liegt in der Hand des Vorsitzenden der Gemeindekörperschaften." Abs. 2: „Jedem in der Gemeinde fest angestellten Pfarrer ist ein bestimmter Teil des Kirchspiels als von ihm selbständig zu verwaltender Seelsorgebezirk und in der Regel gleicher Anteil an der Leitung der Gottesdienste zuzuweisen, sofern ihm nicht ein besonderes Arbeitsgebiet übertragen ist."

Aufhebung ist in der Regel der Wille der Gemeinde von maßgebender Bedeutung. Dementsprechend ist in den meisten Kirchen die Mitwirkung der Gemeinde rechtlich vorgeschrieben. Dagegen steht die Entscheidung regelmäßig bei der Kirchenregimentsbehörde oder bei der Synode[1].

Von besonderer Bedeutung ist die Besetzung der Pfarrstellen[2]. In allen Kirchen werden die Pfarrer auf Lebenszeit angestellt, nur sind in einigen Kirchen Altersgrenzen eingeführt. — Die wichtigsten Berufungsarten sind die Besetzung durch die Kirchenregimentsbehörde und die Wahl durch die Gemeinde. In den meisten Kirchen ist nur die eine oder nur die andere Besetzungsart Rechtens, eine Reihe von Kirchen hat dagegen den Wechsel zwischen den beiden Besetzungsarten eingeführt und dabei teils Gleichberechtigung, teils Bevorzugung der Gemeinden zur Anerkennung gebracht. Bei beiden Gestaltungen zeigt sich aber regelmäßig ein Ineinanderwirken der Systeme: bei der Anerkennung der Gemeindewahl bedarf der Gewählte der Bestätigung der Kirchenregimentsbehörde, und für bestimmte Sonderfälle hat die Regimentsbehörde das Besetzungsrecht trotz dem Grundsatz der Gemeindewahl; bei der Besetzung durch die Regimentsbehörde haben die Gemeinden ein Einspruchsrecht oder wenigstens ein Recht auf amtliches Gehör. Im ganzen wird entsprechend dem Ideal der Reformatoren durch die neuen Kirchenverfassungen und -gesetze das Recht der Gemeinde stärker betont als früher, in der Meinung, es sei grundsätzlich zu vermeiden, daß eine Gemeinde einen Pfarrer erhält, welcher der Mehrheit der Gemeindemitglieder nicht genehm ist. — Eine besondere Gestaltung der Pfarrstellenbesetzung ergibt sich beim Bestehen eines Patronats. Der Patron hat u. a. das Recht, innerhalb bestimmter Frist der Gemeinde den künftigen Pfarrer vorzuschlagen oder zu „präsentieren". Erhebt die Gemeinde innerhalb bestimmter Frist keinen Einspruch oder erweist sich dieser als haltlos, so hat der Präsentierte das Recht auf Amtsübertragung (ius ad rem) und diese erfolgt durch Bestätigung der Kirchenregimentsbehörde und die anschließende Amtseinführung des Bestätigten. Wie in der katholischen Kirche, hat sich auch in evangelischen Kirchen eine starke Strömung auf Abschaffung oder Beschränkung der Patronate geltend gemacht, und einige Kirchen sind in ihrem neuen Rechte teils zur gesetzlichen oder vertraglichen Beseitigung der Patronate oder wenigstens zum Programm künftiger Beseitigung, teils zum gesetzlichen Verbot der Neugründung von Patronaten übergegangen[3]. — Praktisch in Betracht kommt die Besetzung nach „Erledigung des Amtes". Die Voraussetzungen hierfür stimmen in den Kirchen wesentlich dahin überein, daß das Amt erledigt wird durch Tod, Verzicht, Versetzung in den Ruhestand bei Dienstunfähigkeit oder Erreichung der Altersgrenze, Versetzung in ein anderes Amt mit Zustimmung oder auch gegen den Willen des Betroffenen, Stellentausch mit Zustimmung der Gemeinden und

---

[1] Art. 46 Abs. 1: „Über die Errichtung neuer Pfarrstellen sowie über die dauernde Verbindung und die Aufhebung bestehender Pfarrstellen beschließt nach Anhörung der Körperschaften der beteiligten Gemeinde und des Kreissynodalvorstandes, wenn diese einverstanden sind, das Konsistorium, andernfalls der Provinzialkirchenrat." Abs. 2: „Aus finanziellen Gründen kann der Kirchensenat die Verbindung oder Aufhebung bestehender Pfarrstellen nach Anhörung der Beteiligten beschließen und gegen die Errichtung neuer Pfarrstellen Widerspruch erheben."

[2] Für sie ist in den Kirchen z. T. bis auf weiteres das bisherige Recht maßgebend (so in der altpreußischen Kirche, vgl. Art. 45, die Kirchengesetze betr. das Pfarrwahlrecht vom 15. März 1886 und 28. März 1892, das Kirchengesetz betr. Pfarrbesetzungsrecht vom 12. März 1912), z. T. ist in Kirchenverfassungen und Kirchengesetzen schon neues Recht geschaffen worden.

[3] So Baden, Thüringen, Schleswig-Holstein, am schärfsten Württemberg, wo die bestehenden Patronate beim Tod des Inhabers entschädigungslos aufgehoben werden und neue Patronate ausgeschlossen sind. In der altpreußischen Kirche gilt bis auf weiteres das bisherige Recht (Art. 153; Staatsgesetz vom 8. April 1924, Art. 19; Allg. Landrecht Teil II §§ 568ff.; Gesetz vom 8. Mai 1837), modifiziert durch das Kirchengesetz vom 11. Mai 1927.

der Kirchenregimentsbehörde, Entlassung durch Entscheid des Spruchkollegiums, Amtsentsetzung durch Disziplinarurteil.

III. Vermögensverwaltung.

Wie im verfassungsrechtlichen und religiösen Aufbau der Kirche, so ist auch in Vermögenssachen die Gemeinde von grundlegender Bedeutung. Insbesondere steht ihr das Eigentum am Kirchenvermögen zu („Gemeindetheorie"). Eigentumsfähig sind zwar als rechtsfähige Körperschaften auch die Synodalverbände, die Kirchen und der Kirchenbund, aber ihr Eigentum steht nach Größe und Bedeutung gegenüber dem der Gemeinden durchaus im Hintergrund. Für die Betätigung der Eigentumsfähigkeit und für die Eigentumsverwaltung sind in den Kirchen bestimmte Behörden als zuständig erklärt. Diese Finanzorganisation zeigt im wesentlichen folgendes Bild: In der Gemeinde ist das Finanzwesen grundsätzlich Sache des Gemeindevorstandes[1]. Er fertigt den jährlich von der Gemeindevertretung zu beschließenden Voranschlag (Etat, Budget), führt die Finanzwirtschaft der Gemeinde durch die Beschlußfassung über Einnahmen und Ausgaben, verwaltet auf Grund besonderer Ordnungen das Vermögen der Gemeinde als solcher und — soweit keine Sondervorschriften bestehen — auch die in der Gemeinde vorhandenen kirchlichen Sondervermögen (Stift-, Anstaltsgut u. a.). Bei der Beschlußfassung ist der Gemeindevorstand teils selbständig, teils bedarf er der Zustimmung der Gemeindevertretung (so bei finanziellen Maßnahmen von weittragender Bedeutung, insbesondere bei Ausschreibung öffentlicher Abgaben)[2], teils ist außer dieser Zustimmung noch die des nächsthöheren Synodalvorstandes oder des Kirchenrates erforderlich. Für die Geschäftserledigung im einzelnen bestellt der Gemeindevorstand in der Regel einen Kirchenrechner (auch Kirchmeister, Kirchenkassierer). — Wie der Gemeindevorstand in der Gemeinde, so ist im Synodalverband der Synodalvorstand für Vermögensverwaltung und Finanzwirtschaft zuständig[3]. — Für die Kirche als solche sind diese Aufgaben dem Kirchenrat übertragen, während die Beschlußfassung über den Voranschlag (Etat, Budget, Haushaltsplan) der Landessynode zusteht[4]. Diese führt auch die Aufsicht über die Finanzgebahrung des Kirchenrats. Überdies haben einige Kirchen in verschiedenartiger Ausgestaltung ihren Kirchenräten besondere „Landeskirchenkassen" angegliedert.

Die gesetz- und ordnungsmäßige Gestaltung des Finanzwesens wird gesichert durch die Verantwortlichkeit der Finanzorgane gegenüber den oberen Behörden und durch die Aufsicht der Landessynode über den Kirchenrat, des Kirchenrates über das ganze Finanzwesen innerhalb der Kirche, insbesondere zunächst über die Synodalvorstände, schließlich der Synodalvorstände gegenüber den Gemeinden. Für die praktische Durchführung dieser Aufsicht ist neben den üblichen Erscheinungen der Rechnungsprüfung, des Einsichtsrechts, der Auskunftspflicht, der Genehmigungspflicht für gewisse Finanzakte auch die tiefgreifende Maßnahme der „Zwangsetati-

---

[1] Art. 23: „Der Gemeindekirchenrat hat . . . das Kirchenvermögen einschließlich der kirchlichen Stiftungen in der Gemeinde, die nicht satzungsgemäß eigene Vorstände haben, nach einer vom Kirchensenat zu erlassenden Verwaltungsordnung zu verwalten, ebenso das Pfründenvermögen, soweit nicht das Recht der jeweiligen Inhaber entgegensteht."

[2] Art. 26: „Die Gemeindevertretung . . . hat die Haushaltpläne für die kirchlichen Kassen festzustellen und die Jahresrechnungen abzunehmen. Haushaltspläne und Jahresrechnungen sind mit einer Ausfertigung des Beschlusses der Gemeindevertretung 2 Wochen zur Einsicht der Gemeindeglieder auszulegen." Dazu im einzelnen Art. 26 Abs. 3.

[3] Unter Wahrung der Zuständigkeit der Synode für wichtige Beschlüsse; vgl. Art. 73, 62 (die Kreissynode hat zu beschließen über Aufstellung des Haushaltplanes, Ausschreiben von Umlagen, Bürgschaften und Anleihen, Kirchenkollekten).

[4] Art. 111 (Generalsynode), Art. 131 (Evangelischer Oberkirchenrat).

sierung“ anerkannt. Sie bedeutet, daß der Kirchenrat befugt ist[1], rechtlich begründete Leistungen in den Etat der Gemeinden, Kreise und Provinzen von Amts wegen einzusetzen und das zur Durchführung Nötige zu veranlassen, wenn die Einsetzung von den zuständigen Behörden abgelehnt wird. — Zu dieser kirchlichen Aufsicht tritt schließlich noch die weitreichende Aufsicht des Staates, der die Finanzwirtschaft und Vermögensverwaltung der Kirchen kraft seiner Kirchenhoheit überwacht[2].

Das so verwaltete Kirchenvermögen umfaßt mannigfache Bestandteile, wie Gebäude und ihre Einrichtung, Grundstücke, Forderungen, Wertpapiere, Bargeld. Es läßt sich nach der altüberlieferten Gruppierung scheiden in Pfründenvermögen, aus dem die Gehälter, Pensionen und Löhne beglichen werden, und in das Kirchenfabrikvermögen, das der Bestreitung der anderen Ausgaben dient, insbesondere der Errichtung, Erhaltung und Versicherung der Kirchengebäude, der Durchführung des Kultus und anderer kirchlicher Aufgaben, wie Mission, Armen- und Krankenpflege u. a.

Die Bestreitung der kirchlichen Ausgaben ist nur möglich kraft immer wieder fließender Einnahmequellen. Abgesehen von dem Ertrag des Kirchenvermögens und von freiwilligen Spenden (Opfer, Kollekten, Schenkungen, letztwillige Zuwendungen), kommen in Betracht die kirchlichen Abgaben, insbesondere die Kirchensteuern, und die staatlichen Zuschüsse[3]. — Im Vordergrund stehen als wichtigste Einnahmequelle die Kirchensteuern. Sie sind entsprechend den weltlichen Steuern „voraussetzungslos“, d. h. ohne Gegenleistung auf Grund der allgemeinen Steuergewalt zu entrichtende öffentlich-rechtliche Abgaben. Diese Steuergewalt besitzen die Kirchen als solche, wie auch die Synodalverbände und insbesondere die Kirchengemeinden in ihrer Eigenschaft als öffentlich-rechtliche Körperschaften. Für die Gestaltung des kirchlichen Steuerrechtes ist daher die landeskirchliche Gesetzgebung maßgebend. Außerdem hat für die Steuererhebung das staatliche Reichs- und Landesrecht erhebliche Bedeutung, indem es den Kirchen für Einzug und Beitreibung der Steuern die Hilfe des Staates zur Verfügung stellt[4].

In besonderer Weise ist die Finanzwirtschaft des Deutschen Evangelischen Kirchenbundes geregelt. Er erhält die nötigen Mittel durch Umlagen auf die ihm angehörenden Kirchen. Diese Umlegung erfolgt nach Maßgabe der Mitgliederzahl und unter Berücksichtigung der finanziellen Leistungsfähigkeit der

[1] In der Altpreußischen Kirche ist diese Befugnis ausdrücklich dem Konsistorium als Verwaltungsorgan der Kirchenprovinz zugesprochen: „Weigern sich die Organe der Gemeinden oder Kreissynodalverbände, gesetzliche Leistungen, die aus dem kirchlichen Vermögen zu bestreiten sind oder den Gliedern dieser Selbstverwaltungskörper obliegen, auf den Haushaltsplan zu bringen, so ist das Konsistorium befugt, die Eintragung in den Haushaltplan zu bewirken und die weiter erforderlichen Verfügungen zu treffen. — Gegen diese Verfügung ist innerhalb eines Monats Beschwerde beim Rechtsausschuß der Kirchenprovinz und gegen dessen Entscheidung innerhalb eines Monats Berufung an den Rechtsausschuß der Kirche zulässig. — Gegenüber Organen der Provinzialsynodalverbände stehen die Befugnisse des Abs. 1 dem Oberkirchenrat zu. Gegen seine Verfügung ist innerhalb eines Monats Beschwerde beim Rechtsausschuß der Kirche zulässig“ (Art. 148).

[2] Oben § 4. — Preußisches Staatsgesetz vom 8. April 1924, Art. 6ff. Über die Zwangsetatisierung bestimmt das Gesetz (§ 11): „Weigern sich die zuständigen Organe einer Kirchengemeinde oder eines kirchlichen Verbandes, gesetzliche Leistungen auf den Haushalt zu bringen, festzusetzen oder zu genehmigen, so kann die kirchliche Aufsichtsbehörde im Einvernehmen mit der Staatsbehörde die Eintragung der Leistungen in den Haushalt bewirken und die weiter erforderlichen Anordnungen treffen. — Macht die kirchliche Aufsichtsbehörde von ihrer Befugnis keinen Gebrauch, so kann die Staatsbehörde nach Benehmen mit der obersten kirchlichen Behörde die erforderlichen Maßnahmen selbst treffen.“

[3] Oben § 4.

[4] Praktisch wichtig ist insbesondere die Zulassung der kirchlichen Besteuerung durch Reichssteuerzuschläge und die auf Antrag der Kirche zu veranlassende Übertragung der Kirchensteuerverwaltung an die Landesfinanzämter und Finanzämter, wie dies z. B. für alle preußischen Kirchen geschehen ist.

Kirchen. Der jeweils für 3 Jahre gültige Haushaltsplan wird vom Kirchenausschuß aufgestellt und nach Genehmigung durch den Kirchenbundesrat vom Kirchentag beschlossen. Diese Feststellung des Haushaltsplans und ebenso die Aufnahme von Anleihen zu Lasten des Kirchenbundes hat in Form des Bundesgesetzes zu erfolgen; doch ist der Kirchenausschuß befugt, zur Deckung dringlicher Ausgaben kurzfristige, innerhalb der dreijährigen Haushaltsperiode rückzahlbare Darlehen für den Kirchenbund selbständig aufzunehmen. Nach Ablauf jeder Haushaltsperiode hat der Kirchenausschuß über die Einnahmen und Ausgaben des Bundes dem Kirchenbundesrat und dem Kirchentag zur Entlastung Rechnung zu legen[1].

IV. Lehrverwaltung.

Die evangelische Lehre ist enthalten im Neuen Testament und in den Bekenntnisschriften der Lutheraner und Reformierten[2]. Das wird in den neuen Kirchenverfassungen vielfach besonders betont durch die Festlegung der bekenntnismäßigen Grundlagen der Kirchen[3]. So stellt die altpreußische Kirche in die Einleitung ihrer Verfassung die feierliche Erklärung: „Getreu dem Erbe der Väter steht die evangelische Landeskirche der älteren Provinzen Preußens auf dem in der Heiligen Schrift gegebenen Evangelium von Jesus Christus, dem Sohn des lebendigen Gottes, dem für uns Gekreuzigten und Auferstandenen, dem Herrn der Kirche, und erkennt die fortdauernde Geltung ihrer Bekenntnisse an: des Apostolischen und der anderen altkirchlichen, ferner der Augsburgischen Konfession, der Apologie, der Schmalkaldischen Artikel und des Kleinen und Großen Katechismus Luthers in den lutherischen Gemeinden, des Heidelberger Katechismus in den reformierten, sowie der sonstigen Bekenntnisse, wo solche in Kraft stehen. — Das in diesen Bekenntnissen bezeugte Evangelium ist die unantastbare Grundlage für die Lehre, Arbeit und Gemeinschaft der Kirche." Die jeweils in den Kirchen geltende Auslegung und Anwendung ist wesentlich in das Wissen und Gewissen der Geistlichen gestellt. Soweit sie nicht mit lehrmäßigen Grundlagen der Kirchen in offenen Widerspruch treten, wird ihnen die Freiheit selbständiger religiöser und wissenschaftlicher Stellungnahme gewährt[4]. — Praktisch tritt die Lehre eindringlich und öffentlich zutage im Gottesdienst und hier besonders in der Predigt. Unterrichtsmäßiger ist die Lehrbetätigung der Geistlichen bei der die Konfirmation vorbereitenden „Unterweisung" der jungen Kirchengenossen und bei der „Sonntagslehre". Im Blick auf das heranwachsende Kirchenvolk erhob sich über jene innerkirchliche Gestaltung hinaus auch die Frage der Stellungnahme zu den staatlichen Schulen[4]. Dieses Verhältnis von „Kirche und Schule" ist für die evangelische Kirche dadurch vereinfacht, daß sie das Schulwesen als Recht und Pflicht des Staates betrachtet. Daher nimmt die Kirche nicht ein besonderes Recht auf Gründung kirchlicher Schulen in Anspruch. Wohl aber sieht sie eine wichtige Aufgabe in der Sorge dafür, daß der Religion in den öffentlichen Schulen eine Stellung eingeräumt wird, die ihrer großen Bedeutung für die Erziehung der Jugend, die Bildung der Persönlichkeit und für die innere Veredlung des Volkes entspricht.

[1] Kirchenbundesverfassung § 18, 19; oben § 21.

[2] Mit solchen Bestimmungen sind nicht etwa Verfassungsrechtssätze geschaffen worden, so daß das Bekenntnis gesetzlich festgelegt wäre, sondern es handelt sich dabei um Verfassungseinleitungen, welche die inneren religiösen Grundlagen des äußerlichen rechtlichen Verfassungsbaues zeigen sollen. Dem entspricht die ausdrückliche Vorschrift der Württembergischen Kirchenverfassung von 1920: „Das Bekenntnis ist nicht Gegenstand der kirchlichen Gesetzgebung" (§ 22) und der Verfassung der ev.-luth. Landeskirche Hannovers von 1924: „Ihre Lehre ist nicht Gegenstand der kirchlichen Gesetzgebung" (Art. 1).

[3] Oben § 23. [4] Über Staat, Kirche und Schule oben § 4.

Schrifttum.

Aus dem sehr großen Schrifttum des Kirchenrechts wird im folgenden eine Auswahl geboten. Sie ist unter dem Gesichtspunkt getroffen, daß die genannten Werke wegen ihrer wissenschaftlichen Bedeutung oder ihrer Darstellungsart und wegen ihrer Anführung des Schrifttums im einzelnen für kirchenrechtliche Studien besonders geeignet sind. Bei der Benützung der Werke ist darauf zu achten, daß die katholische Kirche seit 1917 ein Gesetzbuch besitzt in Gestalt des Codex iuris canonici, und daß sich die deutschen evangelischen Kirchen infolge der Revolution von 1918 neue Verfassungen gegeben haben. Die früher erschienenen Werke sind daher für die Erkenntnis des geltenden Rechtes mit Vorsicht zu gebrauchen.

Darstellungen.

ANSCHÜTZ, G.: Die Verfassung des Deutschen Reichs. 12. A. 1930.
— und THOMA, R.: Handbuch des deutschen Staatsrechts (im Erscheinen).
BREDT, J. V.: Neues evangelisches Kirchenrecht für Preußen. 3 Bde., 1921, 1922, 1927.
EICHMANN, E.: Lehrbuch des Kirchenrechts auf Grund des Codex Juris Canonici. 3. A. 1930.
FLEINER, F.: Über die Entwicklung des katholischen Kirchenrechts im 19. Jahrhundert. 1902.
FÖRSTER, E.: Die Entstehung der Preußischen Landeskirche. 2 Bde., 1905, 1907.
FRIEDBERG, E.: Lehrbuch des katholischen und evangelischen Kirchenrechts, 6. A. 1909.
GIESE, F.: Die Verfassung des Deutschen Reiches. 8. A. 1931.
— und HOSEMANN, J.: Die Verfassungen der deutschen Evangelischen Landeskirchen, 1927.
HARING, J. B.: Grundzüge des katholischen Kirchenrechts, 3. A. 1924.
HINSCHIUS, P.: Das Kirchenrecht der Katholiken und Protestanten in Deutschland, Bd. 1—6 (System des katholischen Kirchenrechts). 1869—1897.
HOLSTEIN, G.: Die Grundlagen des Evangelischen Kirchenrechts, 1928.
KAHL, W.: Lehrsystem des Kirchenrechts und der Kirchenpolitik, 1. 1894.
— Kirchenrecht. Die Kultur der Gegenwart, Teil II, Abtlg. VIII. 1913.
KIRCHENHEIM, A. VON: Lehrbuch des Kirchenrechts, 2. A. 1911.
KÖNIGER, A. M.: Grundriß einer Geschichte des katholischen Kirchenrechts. 1919. — Lehrbuch des katholischen Kirchenrechts, 1926.
— und F. GIESE: Grundzüge des katholischen Kirchenrechts und des Staatskirchenrechts. Der Staatsbürger, 6. 1924.
KÖSTLER, R.: Wörterbuch zum Codex Juris Canonici, 1928ff.
PERATHONER, A.: Das kirchliche Gesetzbuch, 5. A. 1931.
POETSCH-HEFFTER, F.: Handkommentar der Reichsverfassung. 3. A. 1928.
RICHTER-DOVE-KAHL: Lehrbuch des katholischen und evangelischen Kirchenrechts, 8. A. 1886.
RIEKER, K.: Die rechtliche Stellung der evangelischen Kirche Deutschlands. 1893.
— Grundsätze reformierter Kirchenverfassung. 1899.
ROTHENBÜCHER, K.: Die Trennung von Staat und Kirche. 1908.
RUCK, E.: Die Organisation der römischen Kurie. 1913.
SÄGMÜLLER, J. B.: Lehrbuch des katholischen Kirchenrechts, 4. A. 1925ff.
SCHOEN, P.: Das evangelische Kirchenrecht in Preußen. 2 Bde., 1903, 1910. — Das neue Verfassungsrecht der evangelischen Landeskirchen in Preußen. 1929.
SCHWARZLOSE, K.: Grundzüge des deutsch-evangelischen Kirchenrechts und des orthodox-morgenländischen Kirchenrechts. Der Staatsbürger, 7. 1924.
SEHLING, E.: Geschichte der protestantischen Kirchenverfassung, 2. A. 1914.
— Kirchenrecht, Sammlung Göschen, 2. A. 1922, 1927.
SOHM, R.: Kirchenrecht. 2. Bde., 1892, 1923.
STIER-SOMLO, F.: Deutsches Reichs- und Landesstaatsrecht, I. 1924.
STUTZ, U.: Kirchenrecht. Encyklopädie der Rechtswissenschaft von Holtzendorff-Kohler, 7. A. 1914.
— Die kirchliche Rechtsgeschichte. 1905.
— Die Eigenkirche als Element des mittelalterlich-germanischen Kirchenrechts. 1895.
— Der Geist des Codex iuris canonici. 1918.
WERMINGHOFF, A.: Verfassungsgeschichte der deutschen Kirche im Mittelalter, 2. A. 1913.

Quellen.

Acta Apostolicae Sedis, 1909ff.
Allgemeines Kirchenblatt für das evangelische Deutschland.
EICHMANN, E.: Quellensammlung zur kirchlichen Rechtsgeschichte und zum Kirchenrecht. 3 Bde., 1912—1916.
GASPARRI, P.: Codex Iuris Canonici (Textausgabe mit Quellenstellen). 1918.
— Codicis iuris canonici fontes. 2 Bde., 1923.
HILLING, N.: Quellensammlung für das geltende Recht. 1915ff.
HÜBLER, B.: Kirchenrechtsquellen, 4. A. 1902.
MIRBT, C.: Quellen zur Geschichte des Papsttums und des römischen Katholizismus, 4. A. 1924.

Sammelwerke.

BACHEM, J.: Staatslexikon der Görresgesellschaft, 5. A. 1926ff.
BUCHBERGER, M.: Lexikon für Theologie und Kirche. 1930ff.
GUNKEL, H. und ZSCHARNACK, L.: Die Religion in Geschichte und Gegenwart, 2. A. 1926ff.
HERZOG-HAUCK: Realencyklopädie für protestantische Theologie und Kirche, 2. A. 1896—1913.
STUTZ, U.: Kirchenrechtliche Abhandlungen. 1902ff.

Zeitschriften.

Archiv für katholisches Kirchenrecht.
Deutsche Zeitschrift für Kirchenrecht.
Preußisches Pfarrarchiv.
Zeitschrift der Savignystiftung für Rechtsgeschichte, Kanonistische Abteilung.

Sachverzeichnis.

Grundprobleme der Reichsverfassung. Von Dr. **Hans Nawiasky,** Professor an der Universität München. Erster Teil: Das Reich als Bundesstaat. XII, 200 Seiten. 1928. RM 10.80; gebunden RM 12.80

Aus den Besprechungen:

„Der erste Teil des Werkes gibt dem Verfasser Gelegenheit, die grundlegendsten und gleichzeitig schwierigsten und heikelsten Probleme der deutschen Reichsverfassung in Untersuchung zu ziehen und zu den umstrittensten und aktuellsten Fragen des öffentlichen Lebens, insbesondere zu den neuerdings wieder besonders lebhaft gestellten Forderungen des Einheitsstaates, Stellung zu nehmen. Er entledigt sich dieser Aufgabe in wahrhaft vorbildlicher Weise, nach streng wissenschaftlicher Methode. Der besondere Reiz der Darstellung darf wohl darin gefunden werden, daß Nawiasky die einzelnen Fragen nicht bloß nach der gegebenen Rechtslage in verfassungsrechtlicher Hinsicht untersucht, sie vielmehr im Anschluß daran auch vom verfassungspolitischen Standpunkt betrachtet.

... Auf diese Weise hält sich die Darstellung ebenso frei von der Gefahr eines allzu nüchternen juristischen Dogmatismus wie umgekehrt von uferloser politischer Weitschweifigkeit und bringt das Verfassungsleben des Deutschen Reiches in einem abgerundeten, allseitig beleuchteten Bilde zur anschaulichen Betrachtung ...“ *„Das Neue Reich“*.

Handbuch der Verfassung und Verwaltung in Preußen und dem Deutschen Reiche. Von Graf **Hue de Grais †,** Wirkl. Geh. Oberregierungsrat, Regierungspräsident a. D. 25. Auflage, herausgegeben von Graf Hue de Grais, Reg.-Direktor in Frankfurt a. O., und Dr. Hans Peters, a. o. Professor an der Universität Berlin, unter Mitwirkung von Ministerialrat Dr. Werner Hoche, Berlin. XVII, 1047 Seiten. 1930. Gebunden RM 26.80

Aus den Besprechungen:

„Der „Hue de Grais“ ist gewissermaßen der kleine Katechismus unseres Verwaltungsrechts. Das schnelle Erscheinen der neuen Auflage ist ein Beweis dafür, wie groß das Bedürfnis nach dem altgewohnten Wegweiser noch heute ist, und für die hohe Qualität der neuen Arbeit. Der altbekannte Vorzug des „Hue de Grais“, neben einer alle Gebiete des öffentlichen Rechts berücksichtigenden, straff und übersichtlich zusammengefaßten systematischen Darstellung eine peinlich genaue Angabe aller Rechtsquellen und ausgiebige Literaturnachweise zu bieten, ist auch in der inhaltlich völlig modernisierten vervollständigten neuen Auflage voll erhalten geblieben. Der „Hue de Grais“ wird auch in seiner neuen Gestalt den alten Ehrenplatz behaupten.“ *„Deutsche Juristen-Zeitung“*.

Allgemeines Verwaltungsrecht. Von Dr. **Adolf Merkl,** a. ö. Professor an der Universität Wien. XVI, 400 Seiten. 1927. RM 27.—; gebunden RM 28.70

Verwaltungsrecht. Von Dr. **Walter Jellinek,** Professor an der Universität Heidelberg. („Enzyklopädie der Rechts- und Staatswissenschaft“, Band 25.) Dritte, durchgesehene Auflage. Etwa 540 Seiten. Erscheint im Sommer 1931.

VERZEICHNIS DER IN DER ENZYKLOPÄDIE ERSCHEINENDEN BEITRÄGE

*Die mit einem * versehenen Beiträge sind bereits erschienen*

I. Rechtsphilosophie

*1.	Rechtsphilosophie 2. Aufl.	Prof. Dr. Max Ernst Mayer †, Frankfurt a. M.
1a.	Einführung in die Rechtstheorie	Prof. Dr. E. v. Hippel, Rostock

II. Rechtsgeschichte

*2.	Römische Rechtsgeschichte und System des Römischen Privatrechts	Prof. Dr. Paul Jörs †, Wien
*3.	Römischer Zivilprozeß	Prof. Dr. Leopold Wenger, München
4.	Deutsche Rechtsgeschichte	Prof. Dr. A. Zycha, Bonn a. Rh.
*5.	Grundzüge des deutschen Privatrechts 2. Aufl.	Prof. Dr. Hans Planitz, Köln a. Rh.
*6.	Rechtsentwicklung in Preußen 2. Aufl.	Prof. Dr. Eberhard Schmidt, Hamburg

III. Zivilrecht und Zivilprozeß

*7.	Bürgerliches Recht: Allgemeiner Teil 3. Aufl.	Geh. Justizrat Prof. Dr. Andreas v. Tuhr †, Zürich
*8.	Recht der Schuldverhältnisse 3. Aufl.	Prof. Dr. Heinrich Titze, Berlin
*9.	Sachenrecht 2. Aufl.	Prof. Dr. Julius v. Gierke, Göttingen
*10.	Familienrecht 2. Aufl.	Prof. Dr. Heinrich Mitteis, Heidelberg
*11.	Erbrecht 2. Aufl.	Prof. Dr. Julius Binder, Göttingen
*12.	Handelsrecht mit Wechsel- und Scheckrecht 3. Auflage	Geh. Hofrat Prof. Dr. Karl Heinsheimer †, Heidelberg. Herausgegeben von Prof. Dr. Karl Geiler, Rechtsanwalt, Heidelberg
*13.	Privatversicherungsrecht	Geh. Hofrat und Geh. Justizrat Prof. Dr. Victor Ehrenberg †, Göttingen
*14.	Urheber- und Erfinderrecht 2. Aufl.	Geh. Rat Prof. Dr. Philipp Allfeld, Erlangen
*15.	Internationales Privatrecht	Prof. Dr. Martin Wolff, Berlin
16.	Einwirkungen des Friedensvertrages auf die Privatrechtsverhältnisse	Prof. Dr. Josef Partsch †, Berlin (fällt aus)
*17.	Zivilprozeßrecht	Prof. Dr. James Goldschmidt, Berlin
18.	Konkursrecht	Prof. Dr. E. Bley, Greifswald
*19.	Freiwillige Gerichtsbarkeit 2. Aufl.	Prof. Dr. Friedrich Lent, Erlangen

IV. Strafrecht und Strafprozeß

20.	Strafrecht	Prof. Dr. Eduard Kohlrausch, Berlin
21.	Strafprozeßrecht	Prof. Dr. James Goldschmidt, Berlin und Prof. Dr. H. Mannheim, Berlin
22.	Kriminalpolitik	Prof. Dr. Ernst Rosenfeld, Münster i. Westf.
22a.	Preßrecht	Prof. Dr. H. Mannheim, Berlin

GPSR Compliance

The European Union's (EU) General Product Safety Regulation (GPSR) is a set of rules that requires consumer products to be safe and our obligations to ensure this.

If you have any concerns about our products, you can contact us on ProductSafety@springernature.com

In case Publisher is established outside the EU, the EU authorized representative is:

Springer Nature Customer Service Center GmbH
Europaplatz 3
69115 Heidelberg, Germany

Batch number: 10844827

Printed by Printforce, the Netherlands